用地圖看懂世界經濟

世界の経済が一目でわかる地図帳

Global Economic

生命科學編輯團隊—著　葉韋利—譯

目錄

資源

第2章 為什麼亞洲的賭場都設在國界附近？

◎「地盡其利」到這等程度！

趨勢

第3章 最受矚目的石油、稀有金屬、水資源等重要的十四個關鍵字

◎從世界人口到地球暖化問題……世界將這樣改變！

金融

第5章 從財經新聞「能得知」的金融內行話

◎解除對金融問題的不安與疑惑！

專欄【用地圖解讀日本經濟祕辛】

【推薦序】
你不能再蹲在台灣看世界

上海民富股權投資管理有限公司總經理暨合夥人
丁學文

中國很耀眼、上海很火熱，上海世博更是風風光光結束了，十一月八日，我抽空去上海大光明影城看了一部上海紀錄電影《外灘佚事》，也算是爲我駐足上海五年作了個註腳，該片由紀錄片導演周兵領銜《故宮》團隊與上海紀實頻道共同打造，如果說《故宮》是一個國家的公共記憶，那麼《外灘佚事》應該是一個把上海發展的地理起源以及歷史、夢想合而爲一的寓言。來上海五年，雖說兩岸現今如膠似漆，我卻對於兩地因地理、歷史衝擊而形成經濟思維的差異感同深受，也對古人教導我們的「以史爲鑒」、「地理決定未來」更加了然於心。

這八年多來，很多朋友對我說：每週三早上我在 News98 財經起床號節目中的「國際財經雜誌評析」讓他們省卻不少時間，可以在塞車的短暫時間輕鬆瞭解國際情勢的最新變化。其實我自己清楚，從二〇〇二年參與這個節目迄今，最大的受益者是我自己。爲了準備這個節目，讓我自己不知不覺有一份更寬廣的視野，幫助自己有更高廣的國際觀，也跳脫自己本來的狹隘觀點，以一個世界經濟的參與者看待事物，一切變得更明瞭：要讀懂世界，得先看懂財經，而看懂世界地理方位，並且深刻知其歷史源由及其所以然的能力，更是在商場上取得先機的首要關鍵。

隨著中國的崛起以及全球化競爭的時代來臨，大家會發現國與國之間，產業與產業之間的界限越來越模糊，而且在這個資訊爆炸、變動迅速的年代，不論你在職場的哪個階段，你會發現你無法再獨善其身了，許多工作必須拉高視野，才能掌握國際趨勢。

過去，很多人抱怨財經資訊深奧難懂，偏偏現在的世界不容你慢慢去學習、一切重來，次貸危機剛過不久，貨幣競爭與世界通膨似乎又蠢蠢欲動，一切都不容我們什麼都不懂！不久的將來，世界經濟的變化將好似你家門口發生的事情一樣，不容你再次無知。

《用地圖看懂世界經濟》以通盤的見解、解題的方式告訴我們世界經濟版圖的過去、現在及可能的未來，也提醒我們區域的競爭已經悄然轉變爲全球化的競合，歐盟、東協的形成，合併風潮絡繹不絕，你不能再蹲在台灣看世界，你要學會換位思考，丟掉我思故我在的思維，把中國、印度、巴西、俄羅斯等國的成長崛起，視為我們這個時代最精采且即將重塑世界的必然。本書運用地圖的表示手法，佐以對各國代表性產業崛起的必然觀察，提供給我們一個全球化世界的清晰圖像，並且以許多歷史類比來檢視這些趨勢的轉變可能帶來的結果，若能靜下心感受其遠見及高度，你將發現未來一切都明亮起來。

【推薦序】

從澳門看澎湖需不需要博弈業

寶島新聲財經博覽會主持人

盧燕俐

剛從香港、澳門出差回來，就收到商周出版的新書《用地圖看懂世界經濟》，當中的第二章「爲什麼亞洲的賭場都設在國界附近？」引發了我一些感想，也和書中內容得到呼應。

我在知名的賭場「威尼斯人」住了一晚，並透過管道，參觀了VIP室。現場除了幾位來自台灣和香港的貴賓，更有不少從中國過來的賭客，賭客們下一注往往是幾萬港幣，兩天賭下來，輸贏在幾百萬港幣以上是常有的事。

賭場的人告訴我，這幾年，隨著中國經濟實力大增，「A咖」級的中國賭客人數大幅成長，有的是山西煤礦商，有的是地產大亨，也有年輕的「富二代」。對他們來說，去美國拉斯維加斯賭博，要搭長程飛機，還有時差問題，不如來澳門，語言暢通，也能節省時間成本。

拜這些大戶所賜，澳門整體博弈業績直線上升。根據澳門政府公布，今年上半年澳門的GDP實質增長率高達四〇．二％，其中，第二季博弈業的收入較去年同期提高至七六．五％，顯示全球景氣回春，也讓賭博業的生意跟著強強滾。

雖說澳門全力發展賭博，帶來一些負面效應，例如：讓人賭博上癮、大陸官員豪賭、年輕人寧願選擇賭場工作而非技術研究等等，但在經濟上造就的巨大成長，無法抹滅。澳門當地人就很自豪的對我說：「澳門的失業率只有三％多，因為這兒的工作機會實在太多了，而這群三％的失業人口，不是找不到工作，而是缺乏就業的意願。」

其實，早在二〇〇六年，澳門的人均GDP就首次超越香港，來到二．九八萬美元，二〇〇八年更一舉超越汶萊，成為亞洲第一。不過，大興土木、吸引熱錢的後遺症，就是房價不斷飆高，據統計，從二〇〇四年到二〇〇九年底，澳門房價大漲超過三倍，使得許多老百姓抱怨：「就算工作一輩子不吃不喝，也買不起一間房子！」要政府設法解決高房價的問題。

澳門的經濟發展，給台灣許多啓示。還記得吧，去年九月，澎湖舉行了博弈公投，最後人民決定拋棄賭博，擁抱自然美景，相關的利益團體當然很失望，但話說回來，如果沒有經過完整的規劃，並且端出適當的配套措施，貿然開放賭博業，以澎湖這樣純樸美麗的小島，能否禁得起一連串的負面衝擊，令人擔心。

況且，就如澳門賭博業者所說：「台灣要發展賭博，已經失去先機了！」有了澳門和新加坡的捷足先登，台灣現在想搶進時機已晚，不如想想該如何將澎湖的美行銷到世界各地，還比較實際。

在關心台灣前途的同時，一定要瞭解世界經濟的最新動態。這本《用地圖看懂世界經濟》內容淺顯易懂，卻能帶給讀者地理經濟上的思考，很值得一讀，也誠心推薦給大家。

【前言】

透過地圖來觀察，經濟變得有趣又易懂

「爲什麼在北歐的小國能孕育出世界級的大企業諾基亞（Nokia）？」

「印度的資訊科技產業和製藥業大幅成長……原因爲何？」

「先前宣稱枯竭的石油，目前究竟是什麼狀況？」

每當報紙或新聞節目提到有關「世界趨勢」的話題時，覺得令人摸不著頭緒，在心裡留下疑問。無論怎麼看財經新聞或閱讀報紙的解說，總是有一種無法掌握「重點」的感覺。這樣的問題，只要你閱讀本書，相信就能獲得解答。

比方說，在「跨國大企業諾基亞」的例子中，只要在地圖上觀察「諾基亞總公司和工科大學的相關位置」，就能意外發現諾基亞之所以成功的原因了。

此外，「印度的資訊科技產業」的情況呢？一般認爲這幾年來印度發展的背景，據說這與印度人擅長英語和數學的國民特質有關；但其實還有另一個鮮爲人知的致勝關鍵，那就是「和美國之間的時差」。「當美國是夜晚時，正値印度的白天」這個條件如何與經濟發展相連結？只要展開以印度爲中心的世界地圖，相信應該能掌握到箇中奧祕。

另一方面，有些問題必須透過看地圖，才能發現「新事實」。從日本和土耳其之間締結的「亞洲高速公路計畫」、「加拿大成爲世界第二名的石油蘊藏國家」的可能性，再到「從農村發展成矽谷」的理由。本書內容就是透過這樣的解謎與新發現，讓讀者學習到身爲現代人必備的「經濟知識」與「經濟觀點」。

經濟可說是資金、人力、資源、產品的「趨勢」，而要理解（或說明）「趨勢」，「圖像＝地圖」就成爲非常有用的工具。這就是透過地圖看懂世界經濟，會讓人感覺到有趣又易懂的一大原因。

本書以蓬勃發展中的經濟大記事做爲主題，從「印度的資訊科技」、「北歐的手機產業」等熱門產業開始，探討包括「杜拜」、「俄羅斯」等地的經濟狀況，以及「環保與經濟」、「稀有金屬」等各種情勢，還有「匯率」、「關鍵貨幣」的問題，總而言之，網羅各項討論世界經濟所需要掌握的重點。當然，更少不了收錄主流經濟的金融話題。

讀完本書之後，以往只是簡單瀏覽過去的財經新聞，現在看起來也會覺得更加有趣。

經濟是推動世界的原動力，要在商場上取得先機，世界經濟的知識自然不可或缺。希望讀者能藉由本書看清世界「當今趨勢」，取得「未來先機」。

第1章【產業】

打開地圖就能理解「世界動態」

◎用地圖解答經濟方面的「疑問」！

資訊科技產業／美國

蘋果、英特爾為什麼可以在矽谷成功

無論哪一個業界，想要成功，「地理位置」顯得非常重要。那麼，美國資訊科技產業的中心地——矽谷又是如何呢？矽谷是位於舊金山南方約四十八公里間溪谷地區之通稱，過去遍布一大片果園，是數一數二的農業區。自從一九六〇年代後期轉變爲工業區，尤其聚集了許多以矽爲原料的半導體廠商，因此被稱爲矽谷。

有許多在日本耳熟能詳的知名企業，例如英特爾（Intel）、蘋果（Apple）、惠普（HP）等，都在此地誕生，沒多久之後就大幅成長。

爲什麼矽谷地區的資訊科技產業能如此興盛呢？關鍵就在於三個地理因素。首先是**氣候條件**。這個地區全年氣候怡人，可說是全美最理想的氣候；第二是**交通便利**。距離大都市的舊金山只要幾十分鐘車程，到洛杉磯也只要一個小時的飛行時間，相距很近；第三就是有**史丹佛大學**。該校的工學院是全美首屈一指的名校，優秀的技術人才輩出。這些人在此地陸續成立創投公司，奠定了繁榮的基礎。

◆矽谷得以發展的三項原因

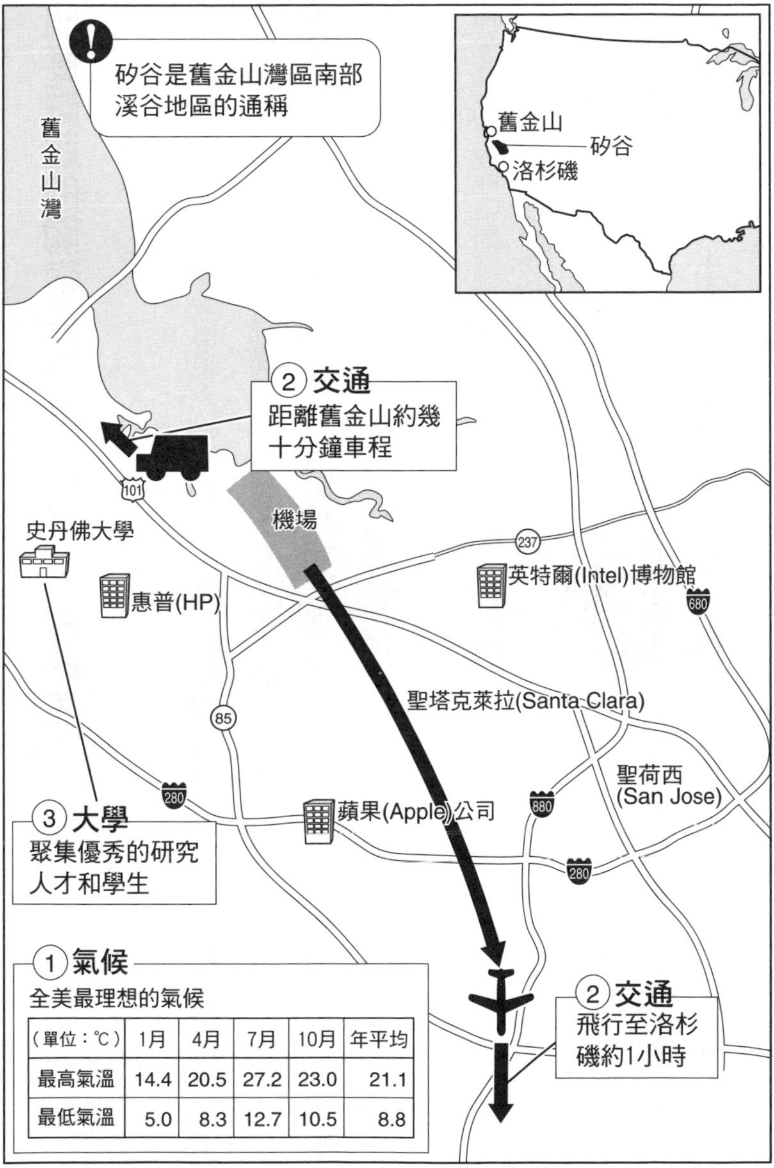
矽谷是舊金山灣區南部
溪谷地區的通稱
舊金山灣
舊金山
矽谷
洛杉磯
②交通
距離舊金山約幾
十分鐘車程
101
機場
史丹佛大學
惠普(HP)
237
英特爾(Intel)博物館
680
聖塔克萊拉(Santa Clara)
85
聖荷西
(San Jose)
280
③大學
聚集優秀的研究
人才和學生
蘋果(Apple)公司
880
280
①氣候
全美最理想的氣候
②交通
飛行至洛杉
磯約1小時

(單位：℃)	1月	4月	7月	10月	年平均
最高氣溫	14.4	20.5	27.2	23.0	21.1
最低氣溫	5.0	8.3	12.7	10.5	8.8

資訊科技產業／印度

印度崛起的關鍵竟然是「與美國的時差」

從一九九〇年左右開始出現大幅成長的印度，大家知道原動力其實是在資訊科技產業嗎？從孟加拉到印度國內各地隨處可見電腦資訊業，同時還有來自全球的跨國企業在此設置研究據點。至於當地資訊科技產業之所以能突飛猛進，外界經常提及的原因是：歷史淵源使得英語成爲官方語言，還有傳統上被認爲數理能力較強的國民特質等。然而，還有一個出乎意料的因素。

那就是和美國之間「地理上的相對位置」。美國和印度有十二小時的時差，白天夜晚剛好顚倒。印度人善加利用這一個特質。

也就是說，美國在白天進行的軟體製作，到了晚上由印度接手（這時印度剛好是白天）。然後印度的技術人員即刻展開作業，到了晚上（美國時間的早上）再次送還。藉由這樣反覆**二十四小時不中斷的作業流程**，就能大幅縮短研發期。在印度資訊科技產業大幅成長的背後，潛藏著這一項地理上的因素。

◆讓印度資訊科技業大幅成長的「二十四小時作業」

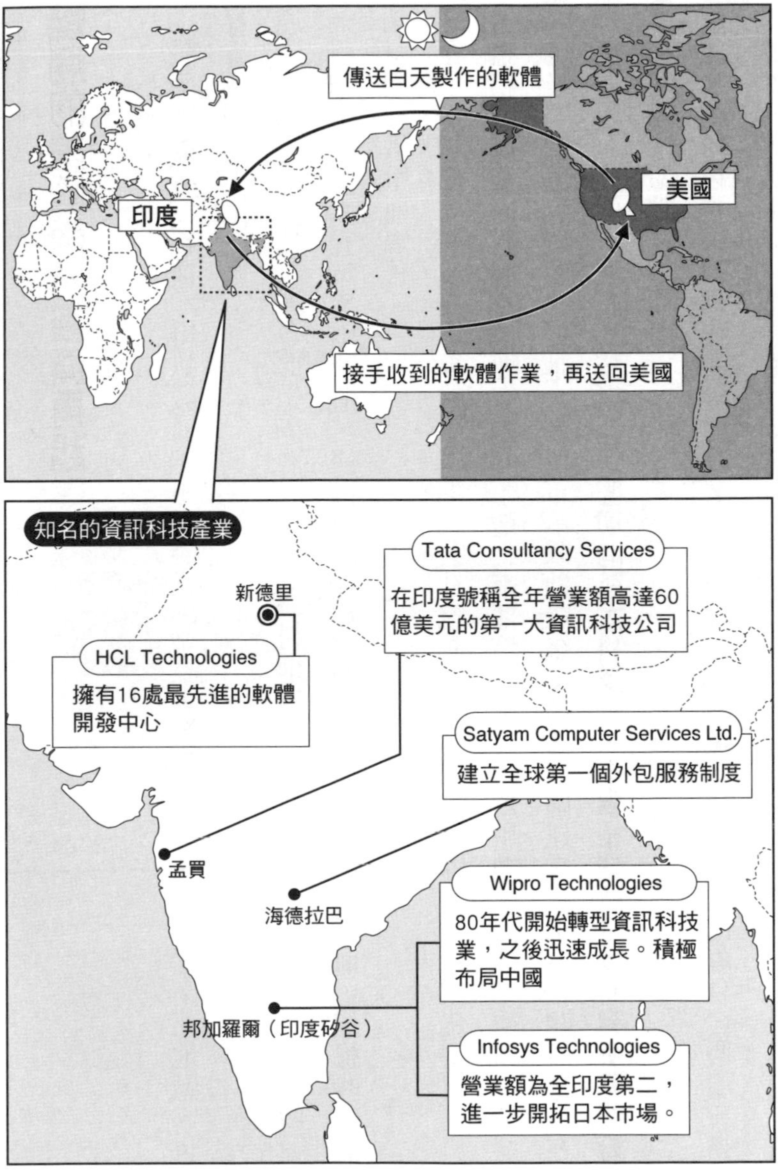

高科技產業／美國

燦爛的美國南方經濟再起

「戰爭」能讓「經濟」得以發展——有陽光地帶（Sunbelt）之稱的美國南部地區，也是這樣實例的其中之一。

原本美國南部在經濟方面是遜於北部的農村地區，因爲南軍在南北戰爭（西元一八六一年至一八六五年）中落敗，使得政府在經濟開發上偏重北部。然而，這樣的南北落差卻又因爲戰爭而導正。

在第二次世界大戰以及之後的冷戰期間，社會潮流極需要原子彈之類應用先進軍事科技。軍事相關產業的設施都需要寬敞的土地，南部恰好留有大量用地；此外，德州一帶還蘊藏石油及天然氣等資源。於是，各個軍事基地陸續在南部地區建立，軍事相關產業也在南部設置據點。再則，**與軍事技術關係密切的航太科技業、軍事相關產業及研究所等都紛紛聚集在南部地區設立**。

因此，高科技產業得以在美國南部發展，再加上氣候溫暖這個有利的條件，吸引旅遊人潮而轉型爲觀光勝地，成爲經濟富足的「陽光地帶」。

◆「陽光地帶」的成長主因

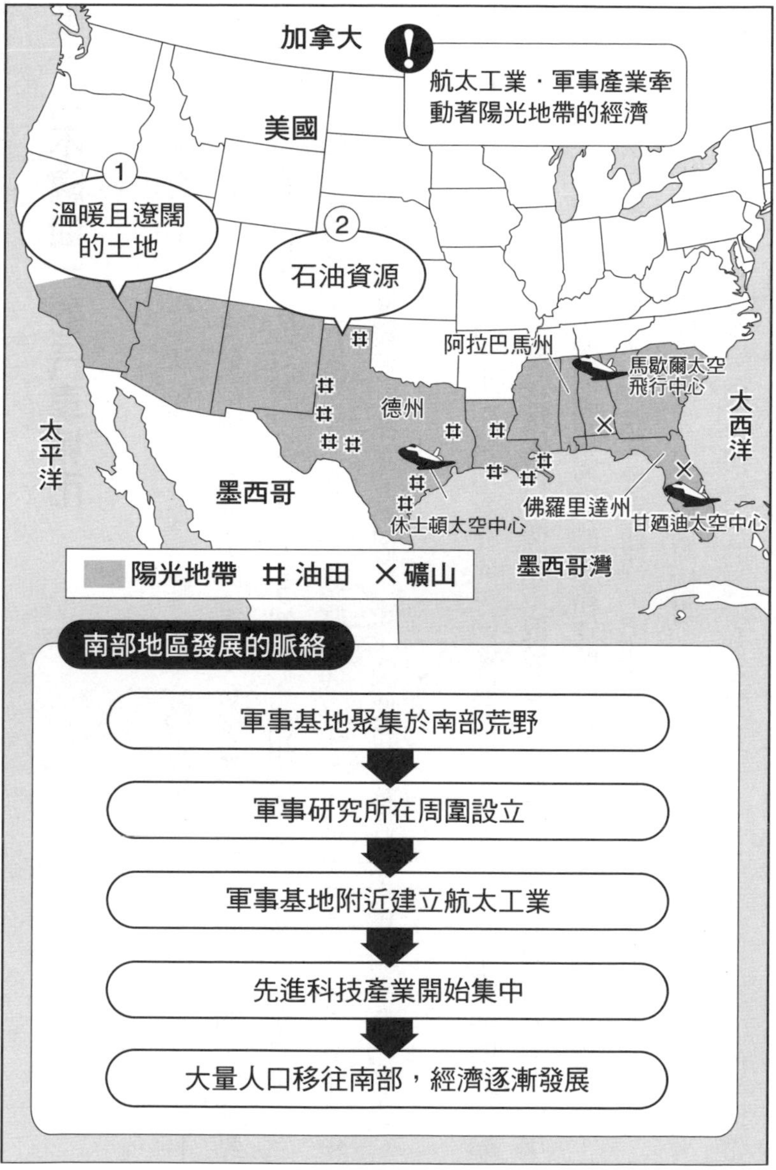
加拿大
航太工業・軍事產業牽動著陽光地帶的經濟
美國
1
溫暖且遼闊的土地
2
石油資源
阿拉巴馬州
馬歇爾太空飛行中心
德州
太平洋
大西洋
墨西哥
佛羅里達州
休士頓太空中心
甘迺迪太空中心
墨西哥灣
陽光地帶　⌗ 油田　✕ 礦山

南部地區發展的脈絡

軍事基地聚集於南部荒野

↓

軍事研究所在周圍設立

↓

軍事基地附近建立航太工業

↓

先進科技產業開始集中

↓

大量人口移往南部，經濟逐漸發展

汽車產業／美國

唯一「不臨海」的汽車城市

要是提及牽動二十世紀全球經濟的美國基礎工業，就不得不提到汽車產業。其中素有「汽車城（Motor City）」之稱的中西部城市底特律，更因是美國汽車製造業的一大據點而繁榮發展。「Big Three」的ＧＭ（General Motors Co.，通用汽車）、福特、克萊斯勒的三大汽車商，其總公司也都位於底特律。此外，以底特律爲中心，從密西根州南部到俄亥俄州北部，有許多汽車零組件製造廠商在此設置工廠，因此包括整個汽車相關產業已形成一大片汽車工業區。

包含日本在內，大部分的汽車產業都是在面海的區域發展，然而爲什麼不臨海的底特律會發展汽車產業呢？其中的祕密就是因爲這個城市**位於五大湖沿岸的地理位置**。五大湖沿岸有豐富的鐵礦、煤礦等資源，還能利用廉價的水路運輸。附近有中西部的政經中心芝加哥，以及重工業興盛的克里夫蘭，加成效果超乎期待，因此底特律擁有絕佳的地理條件。

然而，底特律在石油危機之後，由於能源枯竭，加上節省燃油的日本車大受歡迎，導致底特律的汽車產業逐漸沒落。底特律衰退的程度甚至遭到挖苦，而被戲稱爲「冰凍地帶（Frost Belt）」。

◆底特律的發展與五大湖的密切關係

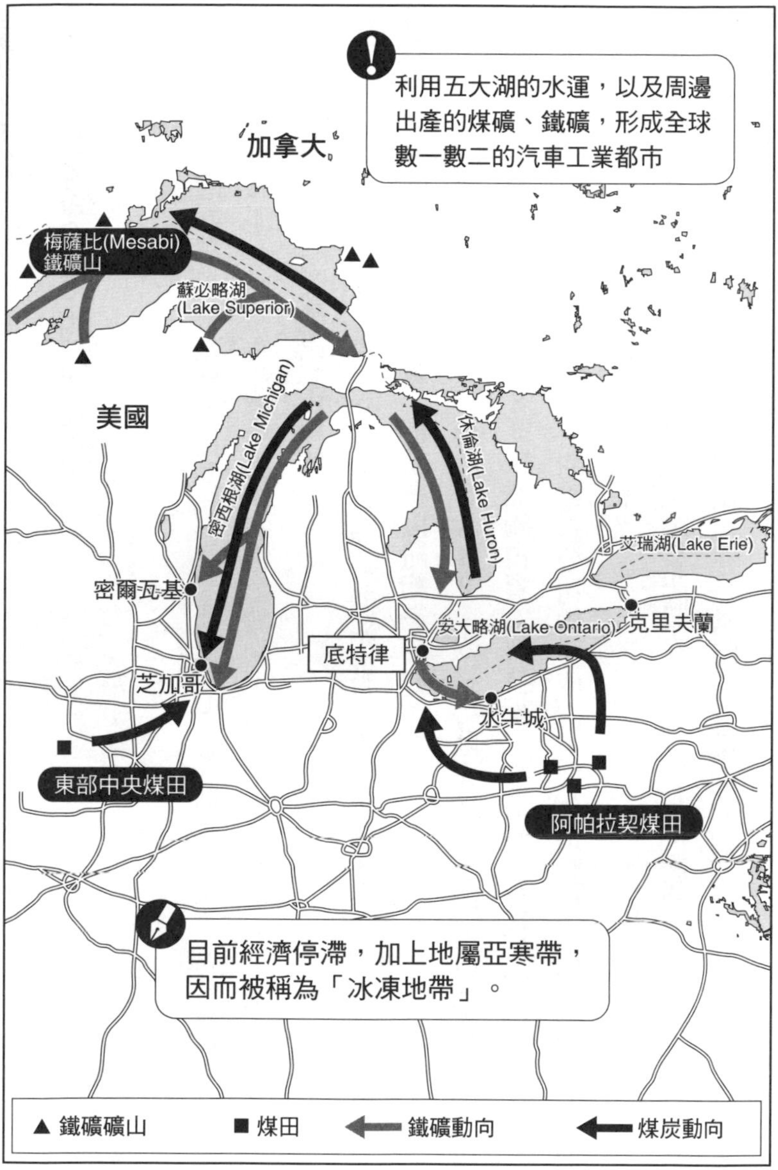
利用五大湖的水運，以及周邊出產的煤礦、鐵礦，形成全球數一數二的汽車工業都市
加拿大
梅薩比(Mesabi)鐵礦山
蘇必略湖(Lake Superior)
美國
密西根湖(Lake Michigan)
休倫湖(Lake Huron)
艾瑞湖(Lake Erie)
密爾瓦基
克里夫蘭
安大略湖(Lake Ontario)
底特律
芝加哥
水牛城
東部中央煤田
阿帕拉契煤田
目前經濟停滯，加上地屬亞寒帶，因而被稱為「冰凍地帶」。
▲ 鐵礦礦山
■ 煤田
鐵礦動向
煤炭動向

電影產業／美國

好萊塢占盡天時地利人和

美國西海岸的好萊塢，是眾所周知的電影產業中心。隨時都有很多當紅電影在此拍攝，街頭到處可見知名巨星。好萊塢製作的電影數量不僅占全美國的百分之八十至九十，還銷售到世界各地，占全球電影市場的三分之二。

然而，令人感到意外的是，好萊塢並非一開始就是美國電影產業的中心。其實，自**十九世紀末開啓的美國電影產業，最初是以紐約為中心**。

原因是當時在美國社會握有實權的WASP（盎格魯薩克遜後裔的清教徒白人），選定以紐約爲中心製作電影。WASP雖然獨占資本與技術，卻遭到後來移入的猶太後裔及義大利後裔反彈。一九一〇年代，新的電影公司紛紛成立，製作地點選定西岸的好萊塢而一舉成功。那麼，爲什麼會選擇好萊塢呢？

好萊塢降雨量少，一年之中有三百天都是晴天，強烈的日照讓電影拍攝的影像更鮮明，四周的地理環境有沙漠、農場、群山，正是當時最受歡迎的西部片最佳的拍攝場景，正因爲擁有這些得天獨厚的地利條件，讓好萊塢雀屏中選。

◆美國電影產業的變遷

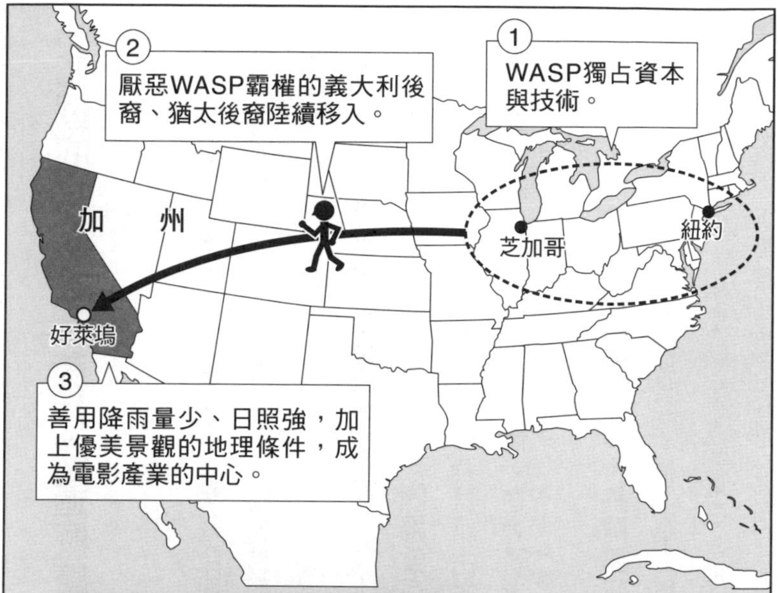
①
WASP獨占資本與技術。
②
厭惡WASP霸權的義大利後裔、猶太後裔陸續移入。
③
善用降雨量少、日照強，加上優美景觀的地理條件，成為電影產業的中心。
加　　州
芝加哥
紐約
好萊塢

好萊塢的降雨量居然這麼少！

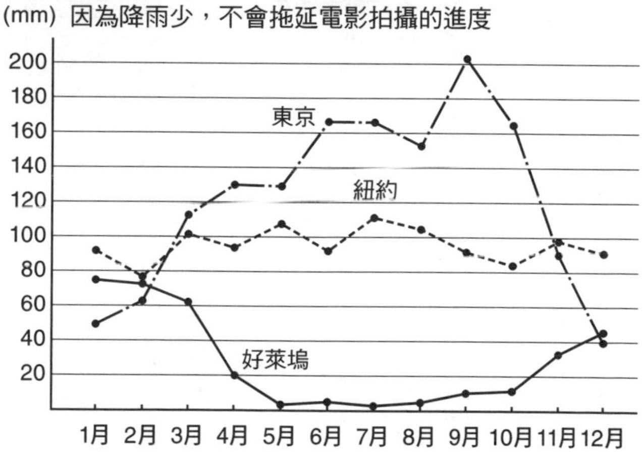
(mm) 因為降雨少，不會拖延電影拍攝的進度
200
180
160
140
120
100
80
60
40
20
東京
紐約
好萊塢
1月 2月 3月 4月 5月 6月 7月 8月 9月 10月 11月 12月

手機產業／北歐

「北歐的諾基亞」為什麼這麼厲害？

手機業界中，北歐的兩家企業——諾基亞與易利信不斷迅速發展。芬蘭的諾基亞擁有全球手機市場近四成的傲人市占率，瑞典的易利信也在基地台模式（地面固定設備）領域中成為全球最大。

「為什麼北歐的手機廠商會這麼厲害？」——很多人有這樣的疑問吧！

北歐資訊科技產業能夠急速成長，關鍵就在於國家政策。芬蘭和瑞典的人口只有日本的二十分之一左右，國內市場很小。昔日藉由豐富的森林資源，在經濟上以木製品和紙漿產業為主，然而從一九九〇年代之後，在考量未來性的發展之下，這些國家開始試圖將產業政策轉為以發展資訊科技為主。

當時，兩國推動由**產官學界合作，共同研究開發**。從地圖上可以清楚看到，芬蘭的諾基亞總公司所在的艾斯博，有赫爾辛基工業大學；易利信總公司所在的希斯塔也有瑞典皇家理工學院。這兩所大學集結了全國最高水準的科技精英，支持著諾基亞與易利信的成長。這份穩固的合作關係打造了首屈一指的巨大企業，拉抬了整體手機產業。

◆產官學界的合作是快速成長的關鍵

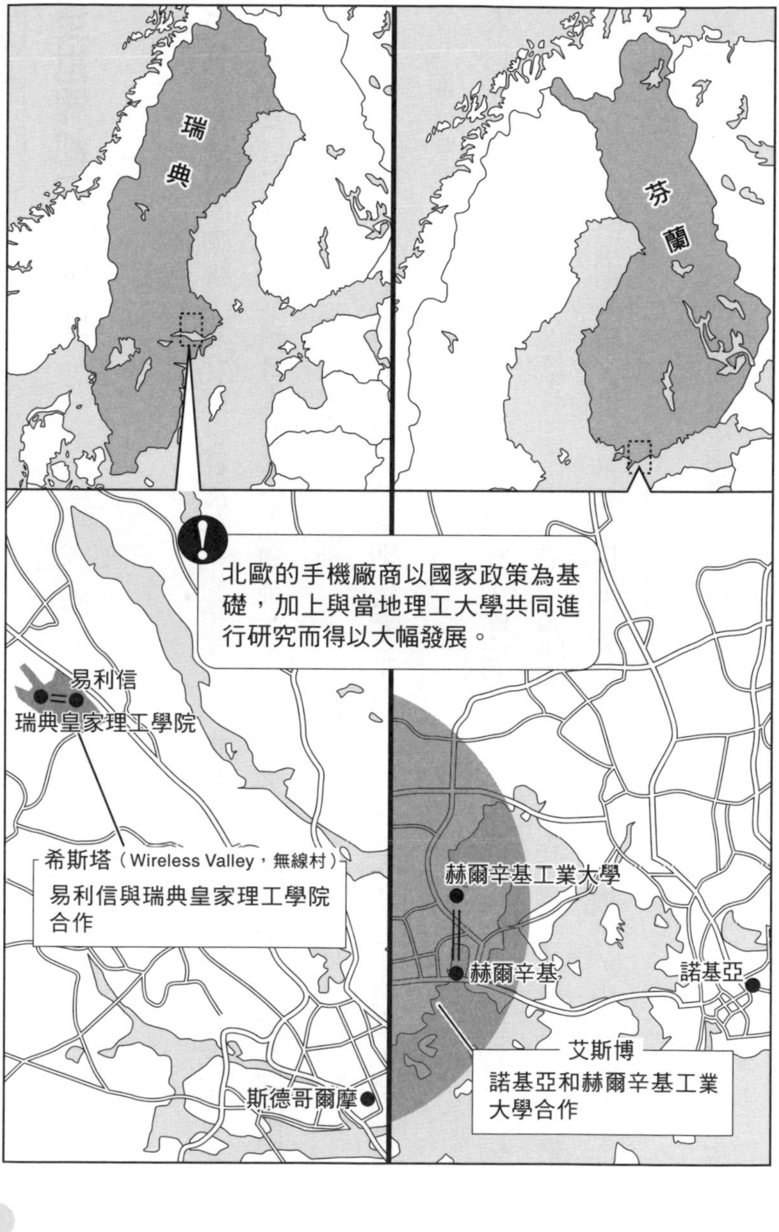
瑞典
芬蘭
北歐的手機廠商以國家政策為基礎，加上與當地理工大學共同進行研究而得以大幅發展。
易利信
瑞典皇家理工學院
希斯塔（Wireless Valley，無線村）
易利信與瑞典皇家理工學院合作
斯德哥爾摩
赫爾辛基工業大學
赫爾辛基
諾基亞
艾斯博
諾基亞和赫爾辛基工業大學合作

咖啡產業／全球

全世界都在酗咖啡

平常不經意喝的咖啡，其實是「經濟落差的象徵」。很多咖啡連鎖店總公司都位於北半球的歐美公司，包含跨足到日本的星巴克咖啡。然而，咖啡豆的產地卻是在南北回歸線之間一塊稱作「咖啡地帶（Coffee Belt）」的地區。這裡就出現「落差」的關鍵。

最大的生產國是巴西，然而越南的產量則在過去十年之內成長了約七倍之多。全球咖啡的交易額僅次於石油，排名世界第二。

看似狀況極佳的咖啡產業，近年來咖啡豆不斷漲價，因爲中國和俄羅斯的消費量大幅增加，伴隨著需求量提高，供給量卻出現停滯。咖啡的生長週期經常是一年豐收、一年歉收，長期保持這樣的週期循環，供給量並不穩定。若出現乾旱等嚴重損害，也可能造成全球性的咖啡荒。

經濟上仰賴咖啡豆的南方開發中國家，生活受到天候影響，市場則由北方消費國的大企業掌握價格決定權，因此才會說咖啡象徵「經濟落差」。

◆南方生產而北方消費的咖啡

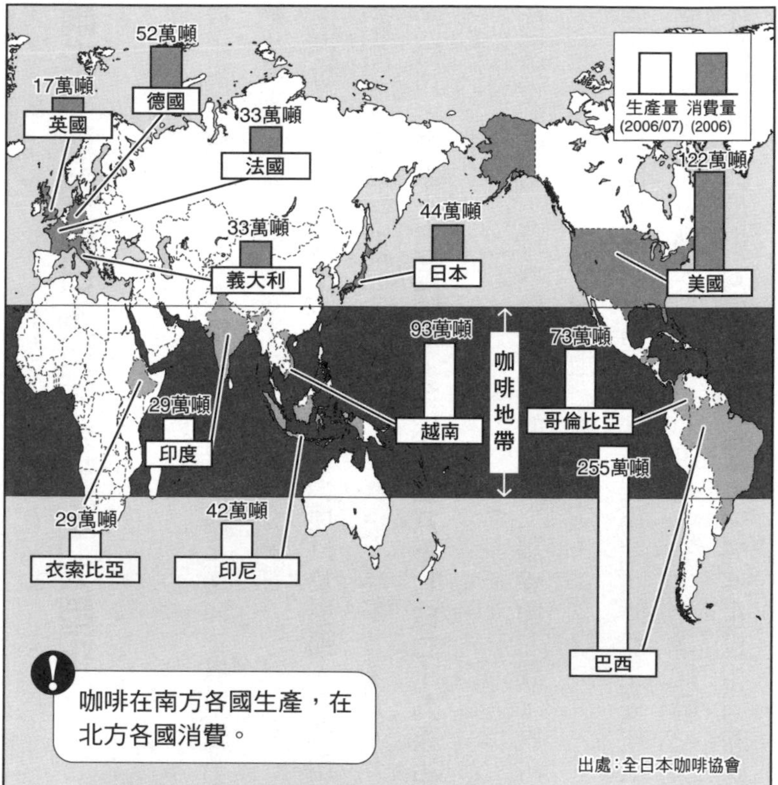
生產量 消費量
(2006/07) (2006)
17萬噸
英國
52萬噸
德國
33萬噸
法國
33萬噸
義大利
44萬噸
日本
122萬噸
美國
93萬噸
越南
咖啡地帶
73萬噸
哥倫比亞
29萬噸
印度
255萬噸
巴西
29萬噸
衣索比亞
42萬噸
印尼
咖啡在南方各國生產，在北方各國消費。
出處：全日本咖啡協會

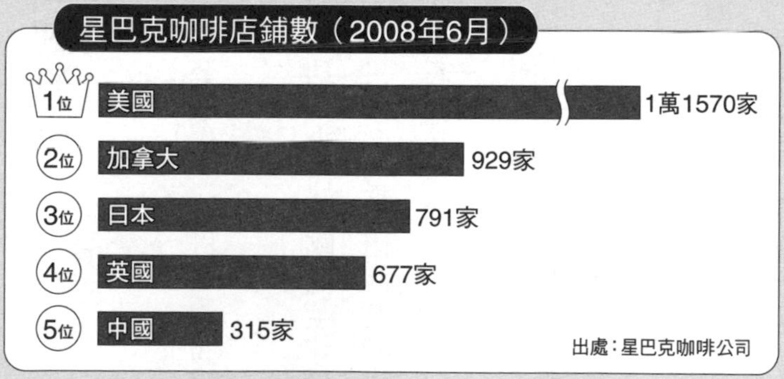
星巴克咖啡店鋪數（2008年6月）
1位 美國 1萬1570家
2位 加拿大 929家
3位 日本 791家
4位 英國 677家
5位 中國 315家
出處：星巴克咖啡公司

零售業／全球

講求小而美的日本也不得不「大型化」、「郊區化」

以超級市場爲代表的零售業市場，目前正邁向業界重組及大舉全球化。連日本的商業活動和生活都受到影響，接下來的動向備受關注。

值得矚目的企業是以商品低價、豐富性以及壓縮人事費用而成功，來自美國的全球最大連鎖店「沃爾瑪（Wal-mart）」（編註：全球零售業巨擘）。將日本大型超市西友納入旗下子公司，**進軍十五個國家，全球展店六千七百七十九家店**，成爲超大型企業（截至二〇〇七年十二月）。

沃爾瑪的成功，背後有其獨特的策略。請參照左圖，就可以得知它選定的不是都市地區，反而是在鄰近州界的偏僻地區集中展店。

美國中西部從以前就朝向都市郊區化邁進，一般主要生活型態是以汽車移動。因此，平常購物就是開著車到大型購物中心，集中一次大量採購。沃爾瑪看準這一點，從一九六〇年代起即以郊區爲中心拓展大型店鋪。在海外也以相同的條件選擇地點，持續展店，終於登上全球第一的寶座。

◆選擇郊區展店的沃爾瑪

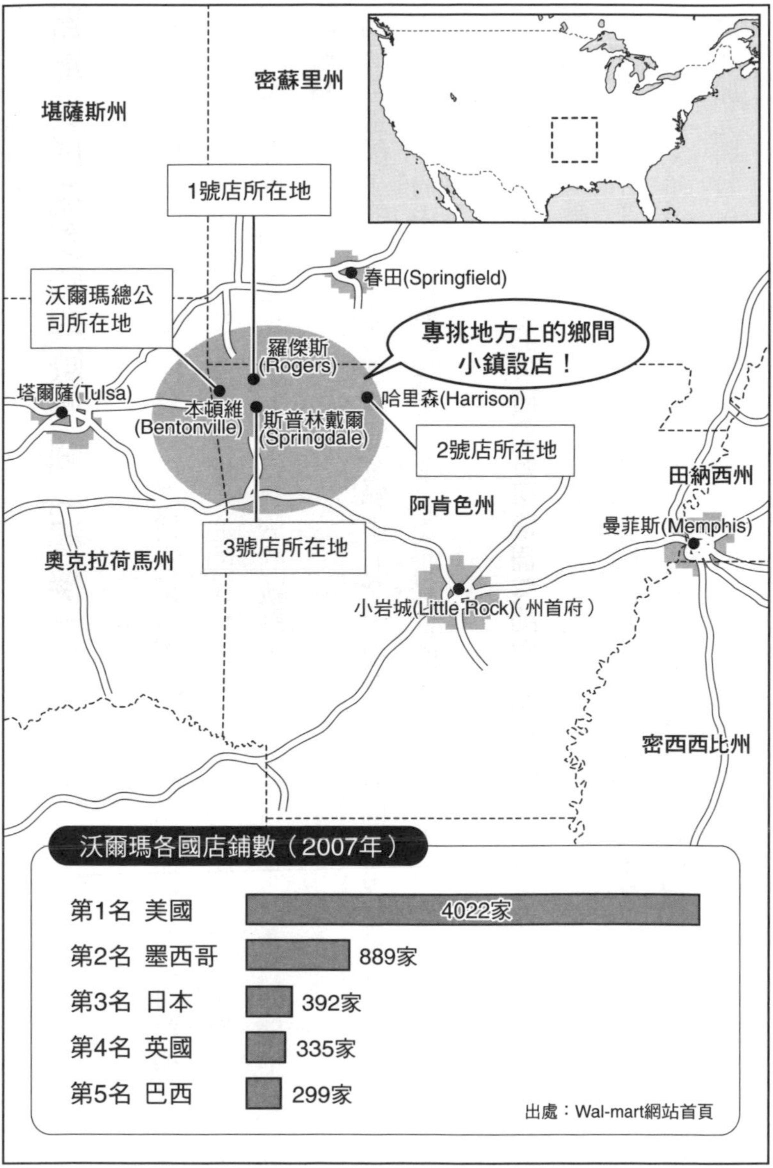
密蘇里州
堪薩斯州
1號店所在地
春田(Springfield)
沃爾瑪總公司所在地
羅傑斯(Rogers)
專挑地方上的鄉間小鎮設店！
塔爾薩(Tulsa)
本頓維(Bentonville)
斯普林戴爾(Springdale)
哈里森(Harrison)
2號店所在地
田納西州
阿肯色州
曼菲斯(Memphis)
3號店所在地
奧克拉荷馬州
小岩城(Little Rock)(州首府)
密西西比州
沃爾瑪各國店鋪數（2007年）
第1名 美國 4022家
第2名 墨西哥 889家
第3名 日本 392家
第4名 英國 335家
第5名 巴西 299家
出處：Wal-mart網站首頁

金融業／新加坡

新加坡成為美國與歐洲間「橋樑」的優勢

國土面積極小，卻有「東洋寶石」之稱的富裕國家，她就是新加坡。目前新加坡和倫敦、紐約、東京等地同樣扮演全球金融中心的角色，有許多世界各國銀行、證券公司、保險公司等聚集在此。根據二〇〇七年三月底的統計，已經有九百五十一家金融機構在新加坡設置據點。

爲什麼這麼小的國家能成爲國際金融中心？主要有兩大原因。第一是位於ＡＳＥＡＮ（東南亞國協）的中心位置。在經濟成長突飛猛進的ＡＳＥＡＮ地區，長久以來由新加坡致力於金融發展。

第二個原因是**該國本身的位置剛好可填補美國與歐洲時差**。隨著全球化交易的成長，這一點也變得越來越重要。

新加坡這幾年來逐漸強化可有高收益報酬的私人銀行業務（Private Banking），這項政策奏效之後，使得ＧＤＰ（國內生產毛額）提升，在二〇〇七年超越日本成爲亞洲第一。許多原先將資金運作委託瑞士金融機構的富豪，也在二〇〇八年金融風暴時將資金移轉到新加坡，未來發展值得期待。

◆做為金融中心地位提高的新加坡

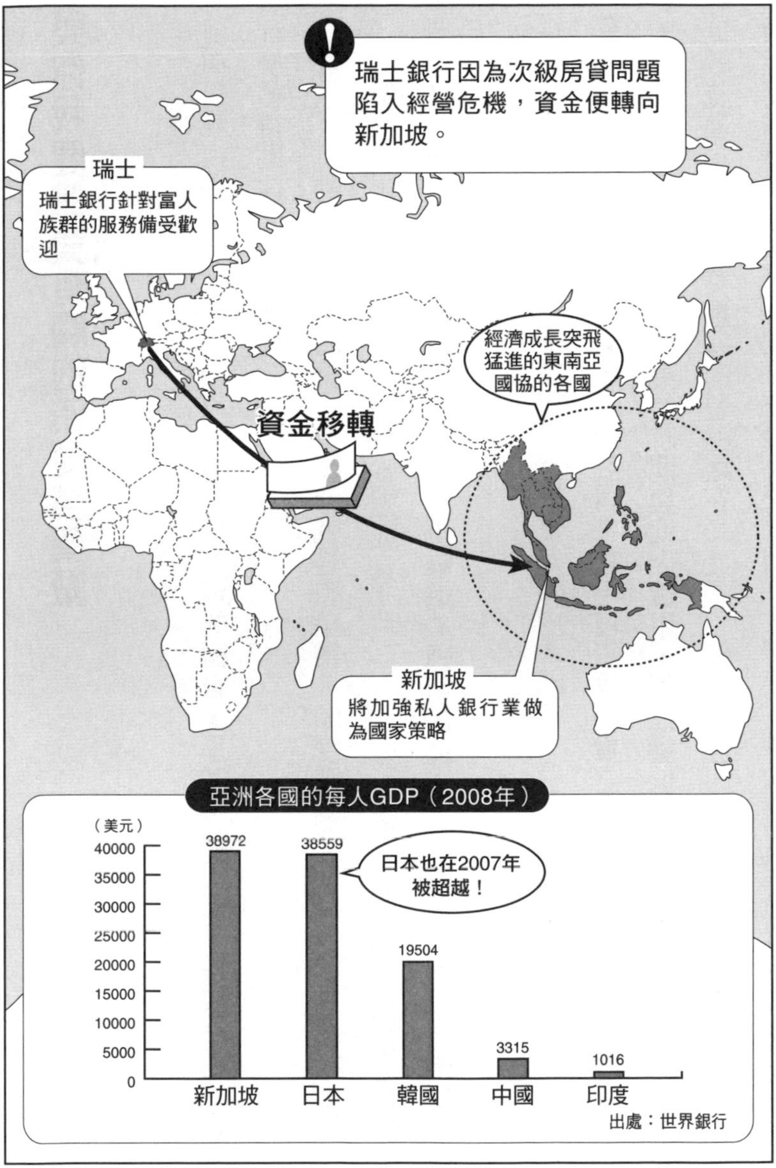
瑞士銀行因為次級房貸問題陷入經營危機，資金便轉向新加坡。
瑞士
瑞士銀行針對富人族群的服務備受歡迎
經濟成長突飛猛進的東南亞國協的各國
資金移轉
新加坡
將加強私人銀行業做為國家策略
亞洲各國的每人GDP（2008年）
（美元）
40000
35000
30000
25000
20000
15000
10000
5000
0
38972
38559
19504
3315
1016
日本也在2007年被超越！
新加坡
日本
韓國
中國
印度
出處：世界銀行

製藥業／印度

與你我健保費有關的印度製藥廠

前面已經提過，印度是一個以資訊科技著稱的國家，那麼，除了資訊科技之外，印度還有什麼值得關注的產業呢？

事實上，牽動印度經濟的另一項產業就是製藥業。印度製藥業從二〇〇六至〇七年、二〇〇七至〇八年的藥品類出口額，竟然成長了三一．五％。最大廠蘭伯西（Ranbaxy）在歐洲進行併購的同時，西普拉（Cipla）也瞄準美國市場進軍，印度公司的市占率逐漸擴大。

這項產業之所以興起，不能忘記一項重要的因素就是「學名藥（Generic drug）」。

學名藥就是新藥開發藥廠以外的公司，在不侵犯專利權之下製造出成分類似的藥品。由於省下開發新藥程序所需的漫長時間與龐大費用，可以壓低製造成本。印度國內的專利規範比較寬鬆，加上歐美地區的製藥廠在一九八〇年代開發的新藥專利期屆滿，促使印度大量製造學名藥。未來若專利期屆滿的藥物增加，印度的製藥業可望將更蓬勃發展。

◆印度製藥大廠的策略

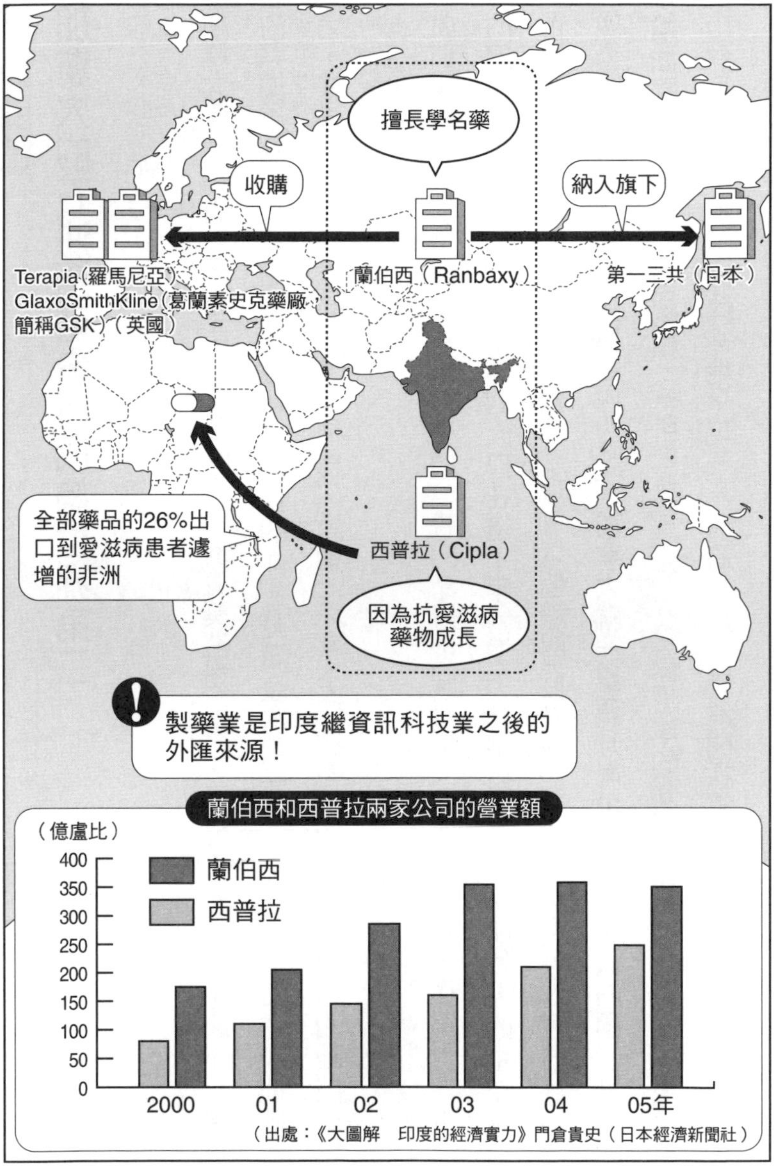
擅長學名藥
收購
納入旗下
Terapia（羅馬尼亞）
GlaxoSmithKline（葛蘭素史克藥廠簡稱GSK）（英國）
蘭伯西（Ranbaxy）
第一三共（日本）
全部藥品的26%出口到愛滋病患者遽增的非洲
西普拉（Cipla）
因為抗愛滋病藥物成長
製藥業是印度繼資訊科技業之後的外匯來源！
蘭伯西和西普拉兩家公司的營業額
（億盧比）
400
350
300
250
200
150
100
50
0
蘭伯西
西普拉
2000
01
02
03
04
05年
（出處：《大圖解　印度的經濟實力》門倉貴史（日本經濟新聞社）

資源／加拿大

加拿大的石油蘊藏量將成為世界第二

加拿大亞伯達省（Alberta）北部的小鎮麥克莫瑞堡（Fort McMurray），掀起了一場現代版的「淘金熱」。只不過大家拚命開採的並不是黃金，而是油砂（Oil Sand）。油砂恰如其名，就是附著在油上的砂，又稱爲「黑金」。在全球擔憂石油枯竭之際，油砂被認爲可以成爲取代石油的石化燃料。

亞伯達省，特別是麥克莫瑞堡小鎮一帶的深層地底有很大一片油砂層，從國內外引進不少的礦工聚集，使得這個小鎮的人口在這十年內增加到兩倍之多。目前每天的生產量約爲一百四十萬桶，但七至八年後預計產量可以超過四百萬桶，相當於日本一天的消費量。

如果油砂的蘊藏量也包括在內的話，**加拿大就一舉竄升為世界第二大藏油國**。目前計畫以輸油管管線連通愛德蒙頓（Edmonton）到太平洋沿岸的基提馬特（Kitimat），將石油輸出到日本及中國，因此當地呈現一片活絡景象。雖然開採將伴隨著環境污染等問題，但能肯定的是，目前加拿大仍致力於這項新的出口資源。

◆掀起淘金熱的麥克莫瑞堡

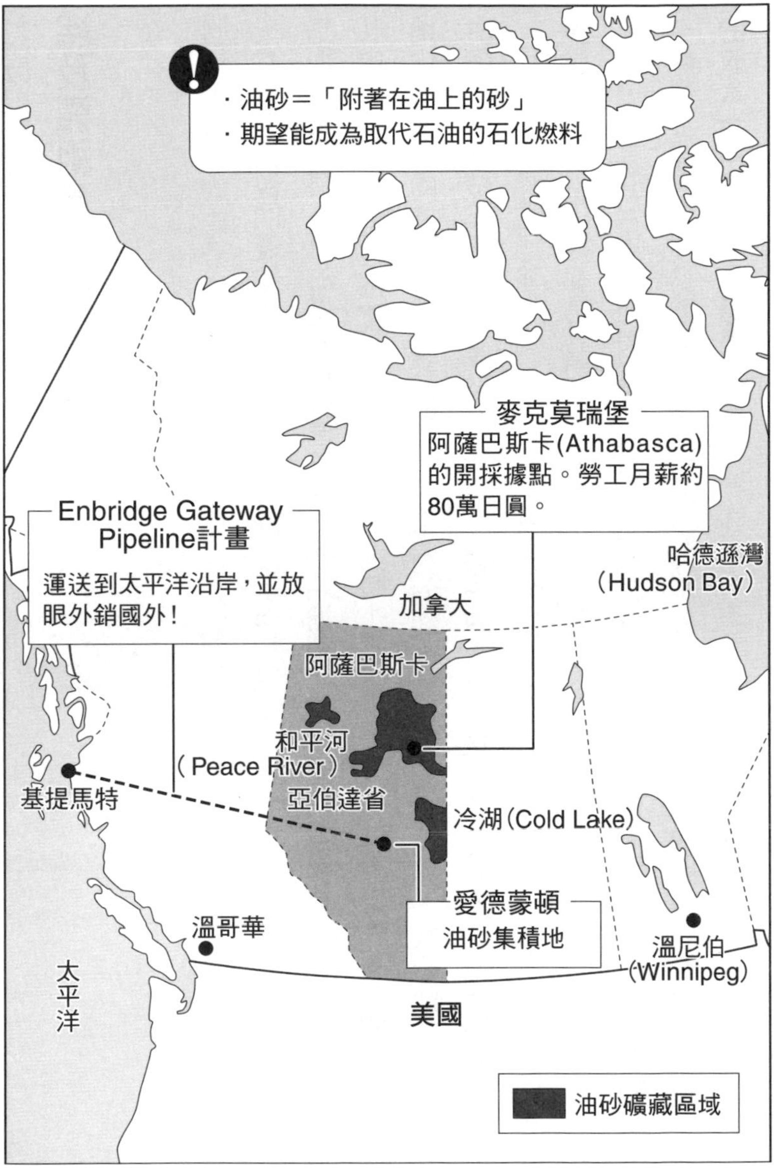
・油砂＝「附著在油上的砂」
・期望能成為取代石油的石化燃料
麥克莫瑞堡
阿薩巴斯卡(Athabasca)的開採據點。勞工月薪約80萬日圓。
Enbridge Gateway Pipeline計畫
運送到太平洋沿岸，並放眼外銷國外！
哈德遜灣
(Hudson Bay)
加拿大
阿薩巴斯卡
和平河
(Peace River)
亞伯達省
基提馬特
冷湖(Cold Lake)
愛德蒙頓
油砂集積地
溫哥華
溫尼伯
(Winnipeg)
太平洋
美國
油砂礦藏區域

觀光／埃及

埃及靠祖產「不勞而獲」

阿拉伯文化的中心埃及，經濟規模僅次於沙烏地阿拉伯。因為擁有廉價的勞工及石油、天然氣等能源的優勢，而不斷提升國際競爭力。

然而，更值得注意的是其他國家所缺乏的**「地利」帶來的兩項優勢**。

其中一項是歷史古蹟帶來的觀光收入。除了金字塔、神殿這些古埃及文明，還有紅海、地中海沿岸的度假勝地等許多極具吸引力的觀光資源。來自世界各地的觀光客在此花費的外匯收入，成為埃及穩定的收入來源。**觀光收入大於其他任何收入，一年超過七十億美元**。埃及在世界觀光旅遊委員會（World Travel and Tourism Council）及牛津經濟研究院的各國觀光產業中排行都是名列前茅。

此外，一九五六年收歸國有的蘇伊士運河（Suez Canal）也是埃及另一項寶貴的收入來源。蘇伊士運河是連結歐亞兩洲最短的航線，每天最少有平均四十艘船的交通流量。**通航費的收入一年超過二十億美元**。

由此可知，埃及不需要新的投資或開發，就能獲得大筆賴以依存的收入來源。

◆受惠觀光地與運河的埃及

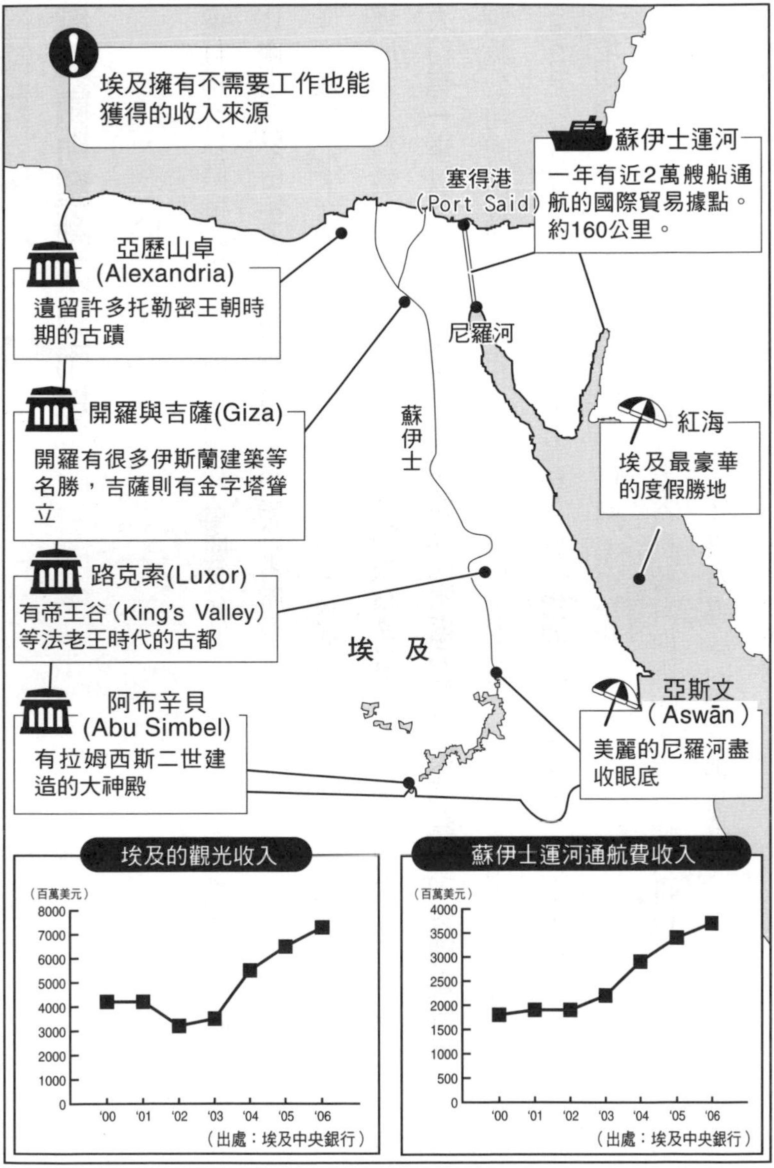
埃及擁有不需要工作也能
獲得的收入來源
蘇伊士運河
一年有近2萬艘船通
航的國際貿易據點。
約160公里。
塞得港
(Port Said)
亞歷山卓
(Alexandria)
遺留許多托勒密王朝時
期的古蹟
開羅與吉薩(Giza)
開羅有很多伊斯蘭建築等
名勝，吉薩則有金字塔聳
立
尼羅河
蘇
伊
士
紅海
埃及最豪華
的度假勝地
路克索(Luxor)
有帝王谷(King's Valley)
等法老王時代的古都
埃　及
亞斯文
(Aswān)
美麗的尼羅河盡
收眼底
阿布辛貝
(Abu Simbel)
有拉姆西斯二世建
造的大神殿
埃及的觀光收入
(百萬美元)
8000
7000
6000
5000
4000
3000
2000
1000
0
'00 '01 '02 '03 '04 '05 '06
(出處：埃及中央銀行)
蘇伊士運河通航費收入
(百萬美元)
4000
3500
3000
2500
2000
1500
1000
500
0
'00 '01 '02 '03 '04 '05 '06
(出處：埃及中央銀行)

鑽石產業／南非

戴比爾斯壟斷鑽石市場

鑽石之所以價格昂貴，原因不僅在於美麗且稀有。另一個主因則是總公司設置在南非的戴比爾斯（De Beers）公司長久以來市場獨占所致。

從十九世紀末在南非發現巨大礦脈之後，該公司便掌握了從開採到店面銷售的通路，獲取龐大利益。近年來由於南非以外的鑽石產量漸漸增加，使得光環消減，但目前**全球大約有一半以上的鑽石原石仍集中於戴比爾斯公司位於倫敦的中央銷售機構**。在這裡依照該公司的同意將鑽石原石分售給大約八十家公司，然後運送到比利時的安特衛普（Antwerp）。因爲安特衛普有四個全球首屈一指的鑽石交易所，接下來鑽石原石就踏上前往各地切割中心的旅程，最後陳列在店頭。

在殖民地支配下展開的鑽石開採，至今仍留有血腥味。由於在安哥拉、剛果、獅子山等國，鑽石仍是反叛軍資金來源，因此非法鑽石導致的紛爭越演越烈。即使目前已有這類防止「血鑽石」的認證制度，仍無法就此免去許多悲劇。

◆鑽石流通路徑

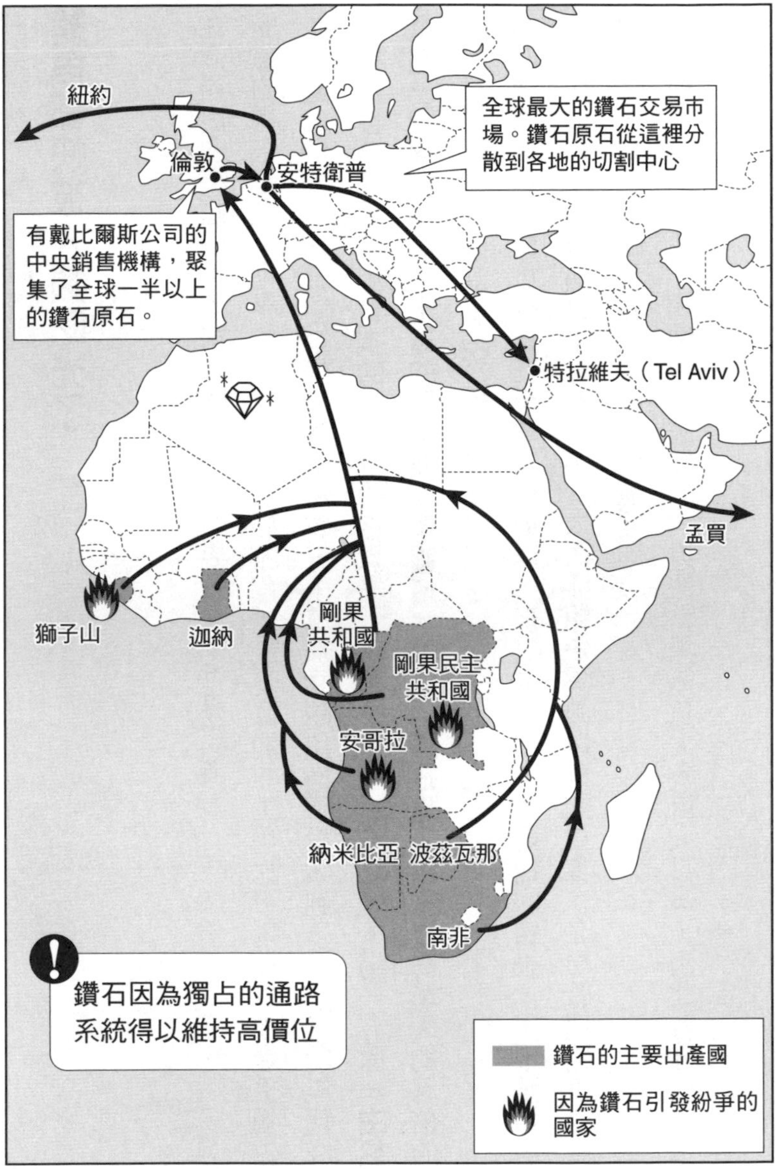
紐約
倫敦
安特衛普
全球最大的鑽石交易市場。鑽石原石從這裡分散到各地的切割中心
有戴比爾斯公司的中央銷售機構，聚集了全球一半以上的鑽石原石。
特拉維夫（Tel Aviv）
孟買
獅子山
迦納
剛果共和國
剛果民主共和國
安哥拉
納米比亞
波茲瓦那
南非
鑽石因為獨占的通路系統得以維持高價位
鑽石的主要出產國
因為鑽石引發紛爭的國家

鮪魚產業／全球

鮪魚都快被人類吃光了

在壽司店內夾起鮪魚大快朵頤時，不妨思考一下世界經濟。

鮪魚的需求量在全世界持續成長。由於鮪魚是最受歡迎的生魚片，以往日本幾乎獨占全球鮪魚需求量。一九五〇年代全球一年有五十萬噸的鮪魚漁獲量，到了二〇〇〇年代成長為一年兩百萬噸，其中日本的需求量約為六十六萬噸，占了三分之一。另一方面，**由於全球掀起一陣魚食熱潮，全球的鮪魚需求量遽增**。尤其中國在這十年來提高了大約五倍的消耗量，目前爆發性的需求仍持續成長。

如同地圖所示，鮪魚棲息在全球各地海洋，但需求量增加及競捕的結果，出現濫捕的現象。即使成立了幾個像是ＩＣＣＡＴ（大西洋鮪類資源保育委員會）之類管理鮪魚資源的國際組織，依舊無法杜絕違反規定的船隻。

據指稱，東部大西洋和地中海濫捕的「違法」黑鮪魚大多流入日本，因此各界對日本的批判也越來越嚴苛。

◆哪裡可以捕到鮪魚？

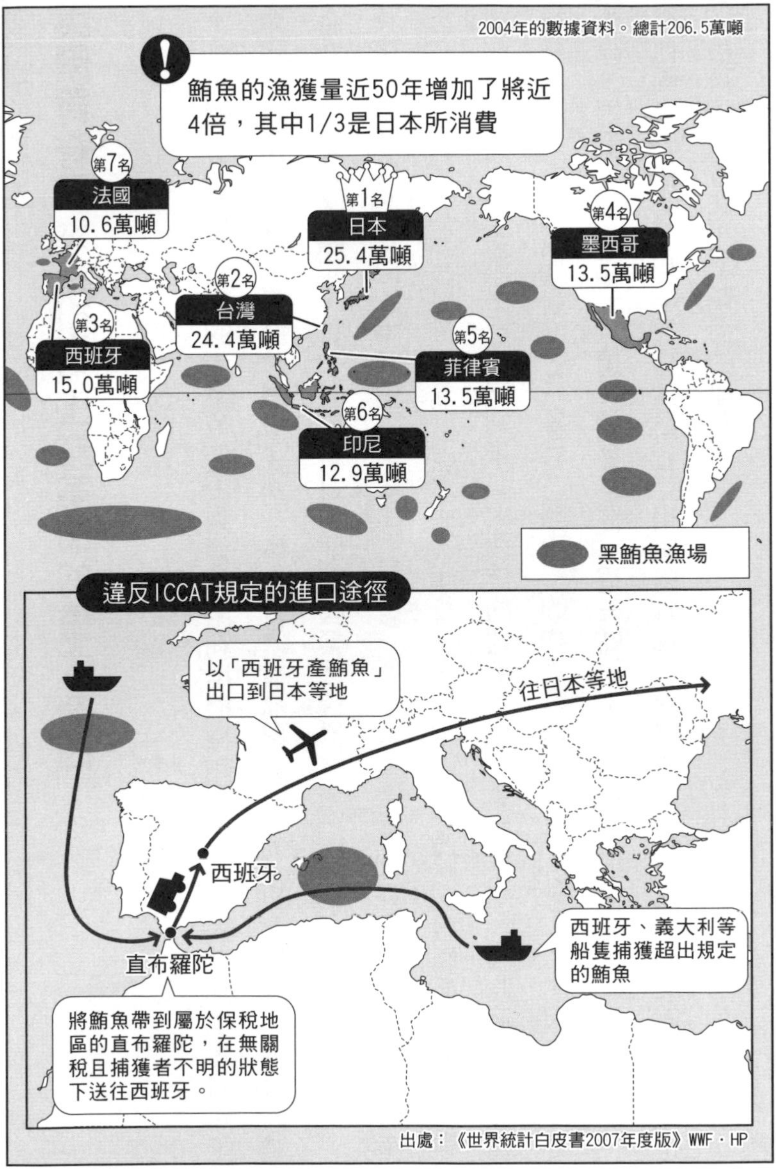
2004年的數據資料。總計206.5萬噸
鮪魚的漁獲量近50年增加了將近4倍，其中1/3是日本所消費
第7名 法國 10.6萬噸
第1名 日本 25.4萬噸
第4名 墨西哥 13.5萬噸
第2名 台灣 24.4萬噸
第3名 西班牙 15.0萬噸
第5名 菲律賓 13.5萬噸
第6名 印尼 12.9萬噸
黑鮪魚漁場
違反ICCAT規定的進口途徑
以「西班牙產鮪魚」出口到日本等地
往日本等地
西班牙
直布羅陀
西班牙、義大利等船隻捕獲超出規定的鮪魚
將鮪魚帶到屬於保稅地區的直布羅陀，在無關稅且捕獲者不明的狀態下送往西班牙。
出處：《世界統計白皮書2007年度版》WWF・HP

工業革命／英國

英國背脊居然是引發工業革命的重大原因

十八世紀末在英國發起的工業革命，人類藉由利用機械和動力，大幅提升生產力。工業革命隨即擴及全世界，對於經濟模式乃至於社會結構都帶來根本上的大轉變。然而，這場革命之所以從英國掀起，有一個很重要的地理因素爲背景。

英格蘭中部南北走向的本寧山（Pennine Chain），素有「英國背脊」之稱。即使這座境內最高峰只有八九三公尺，卻爲山脈東西兩側帶來截然不同的氣候。西側曼徹斯特爲中心的蘭開夏地區（Lancashire）受到來自大西洋的西風影響，氣候多雨，因此適合栽種棉花，棉業興盛。反觀東側里茲（Leeds）爲中心的約克夏地區（Yorkshire），因爲西風受山脈阻隔，雨量少較乾燥，只適合飼養羊群，這一區的羊毛紡織業很發達。

東西兩區的棉業者和羊毛紡織業者互相切磋砥礪，爲了能更有效生產，因而朝機械化發展，最後成爲掀起工業革命的原動力。

◆由本寧山改變的英國經濟地圖

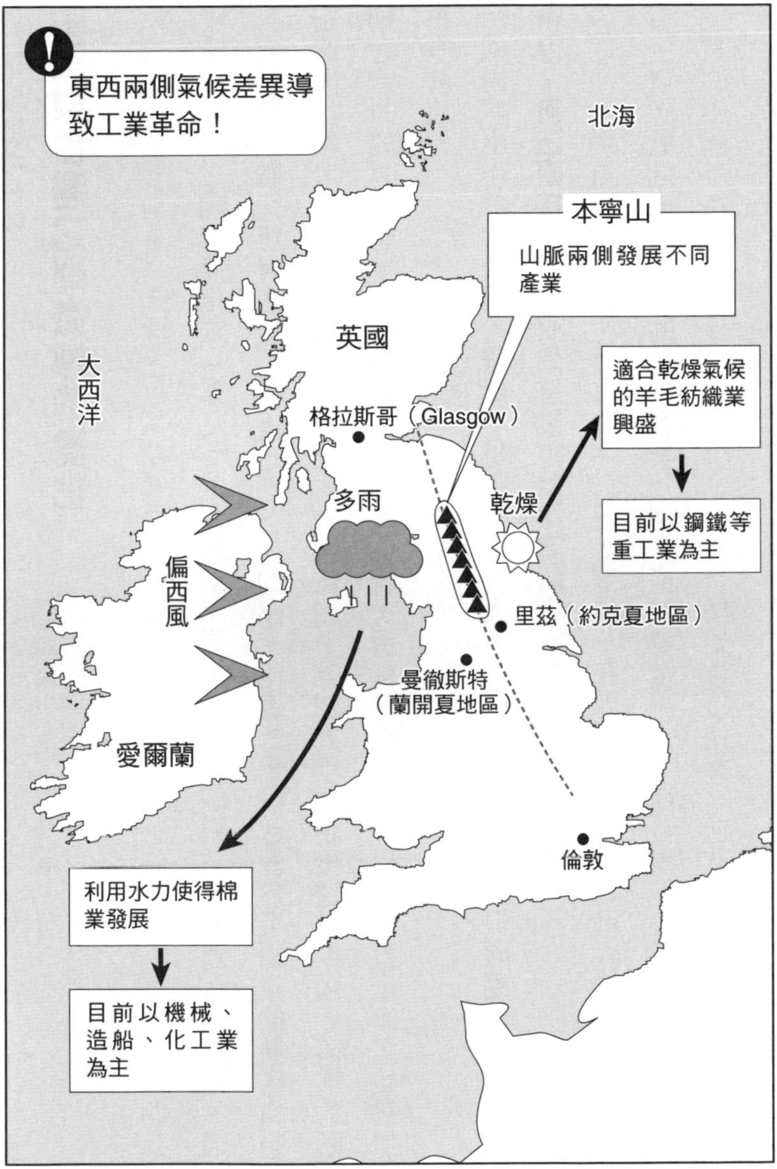
東西兩側氣候差異導致工業革命！
北海
本寧山
山脈兩側發展不同產業
英國
大西洋
格拉斯哥（Glasgow）
適合乾燥氣候的羊毛紡織業興盛
目前以鋼鐵等重工業為主
多雨
乾燥
偏西風
里茲（約克夏地區）
曼徹斯特（蘭開夏地區）
愛爾蘭
倫敦
利用水力使得棉業發展
目前以機械、造船、化工業為主

◎經濟糾紛地圖1

中國與台灣之間微妙的變化

中國與台灣之間並無正式「邦交」。海峽兩岸原本爲同一個國家，相隔台灣海峽，因爲第二次世界大戰後爆發內戰，此後走上各自的路。兩者的爭端起源於毛澤東的共產黨與蔣介石的國民黨，兩黨之間的政治鬥爭。共產黨在一九四九年獲勝後建立中國，落敗的國民黨則在台灣成立政府。此後海峽兩岸彼此仇視，這樣的狀況至今已超過五十年，始終無法從根本解決。

至此海峽兩岸禁止交流。雖然不是完全沒有人員往來或經濟交流，但**貿易往來仍採取經由香港，無法直接交流**。直到這幾年兩岸的關係逐漸改善。

二〇〇一年通商、通郵、通信的「三通」部分，在限定的區域內認可直接交流。對中國而言，自然歡迎來自台灣的大型企業及資本家的資金流入，而台灣在發展上也少不了和快速成長的中國維持通商關係。二〇〇八年起也開始直接通郵、通航，預料未來兩岸經濟的一體化將持續進展。

◆兩岸的貿易發展

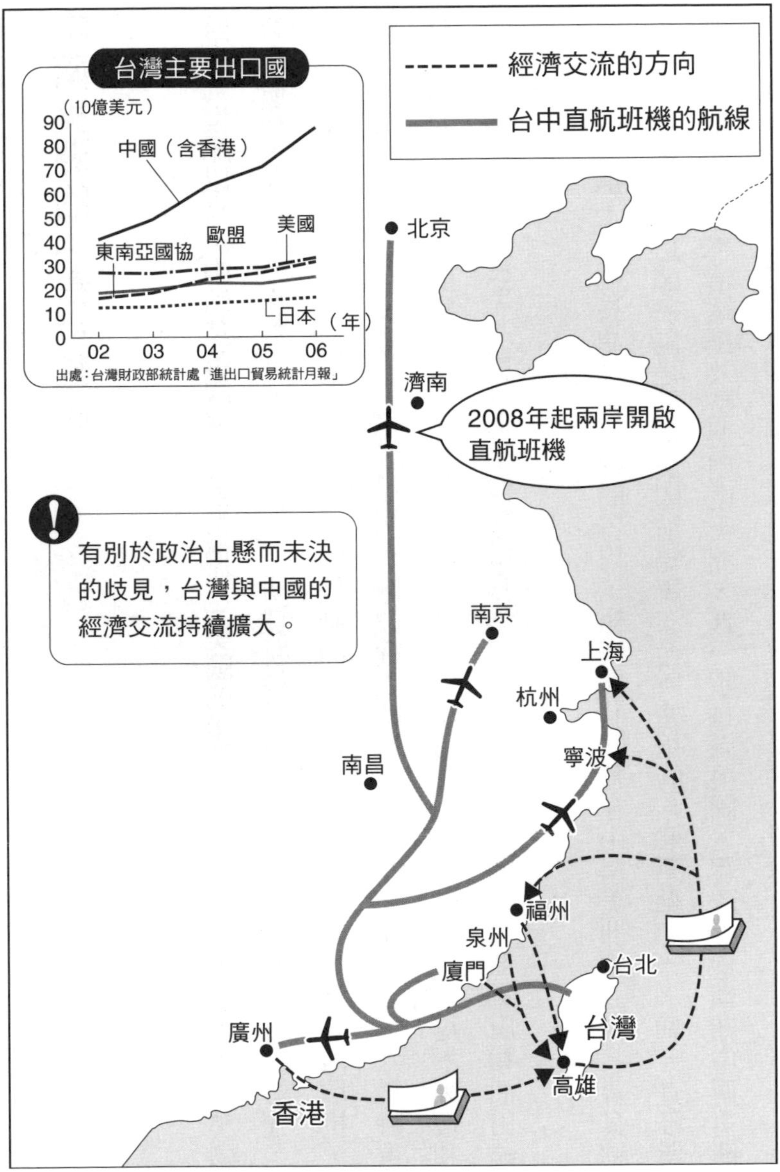
經濟交流的方向
台中直航班機的航線
台灣主要出口國
（10億美元）
90
80
70
60
50
40
30
20
10
0
中國（含香港）
美國
歐盟
東南亞國協
日本
（年）
02
03
04
05
06
出處：台灣財政部統計處「進出口貿易統計月報」
北京
濟南
2008年起兩岸開啟直航班機
有別於政治上懸而未決的歧見，台灣與中國的經濟交流持續擴大。
南京
上海
杭州
寧波
南昌
福州
泉州
廈門
台北
台灣
廣州
高雄
香港

◎經濟糾紛地圖2

中南美洲的「善良軸心」

自十九世紀以來，中南美各國就一直被稱作「美國的後院」。因爲中南美洲過去由美國擔保龐大債務，在貿易上也對美國多有依賴，在經濟政策上確實有不得不聽從美國的部分。

進入二十一世紀後，中南美洲各國對美國控制的反彈日益明顯。第一棒是委內瑞拉，獲得貧窮階級壓倒性支持而登上總統寶座的左派政權查維斯（Chavez）在二〇〇六年將重要資源石油收歸國有。他將外資石油公司阻擋在外，擺出與美國對抗的姿態。接下來玻利維亞的莫拉雷斯（Morales）政權似乎像呼應查維斯，也將外資體系的天然氣田和油田國家化。

這兩個國家加上長期貫徹反美路線的古巴，組成網狀陣營在中南美洲稱之爲「善良軸心」。「善良軸心」這個名詞是模仿美國前總統布希所使用的「邪惡軸心」一詞。查維斯等人的目的是要讓反美情緒擴及整個中南美洲，進一步包圍美國。實際上近期在中南美洲誕生了多個左派政權，也有人指出兩者很可能往危險的對立關係發展。

◆對抗美國的中南美洲左派政權

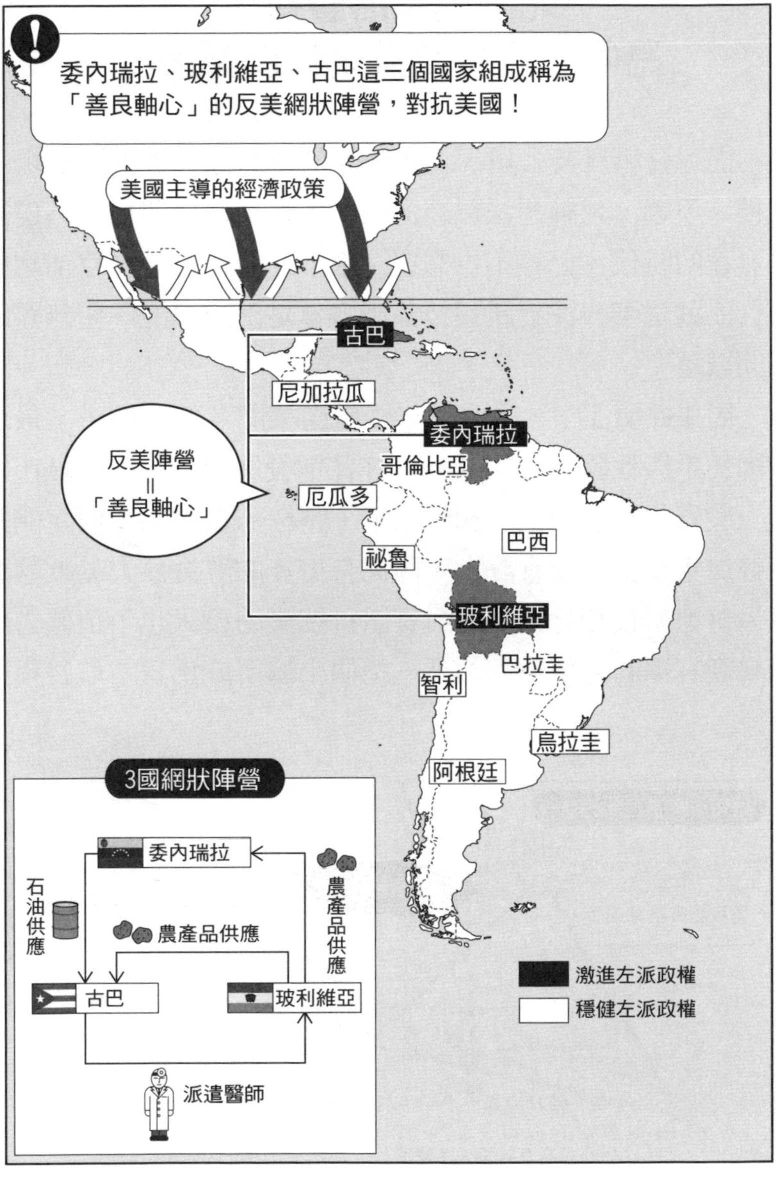
委內瑞拉、玻利維亞、古巴這三個國家組成稱為
「善良軸心」的反美網狀陣營，對抗美國！
美國主導的經濟政策
古巴
尼加拉瓜
委內瑞拉
哥倫比亞
反美陣營
=
「善良軸心」
厄瓜多
巴西
祕魯
玻利維亞
巴拉圭
智利
烏拉圭
阿根廷
3國網狀陣營
委內瑞拉
石油供應
農產品供應
農產品供應
古巴
玻利維亞
派遣醫師
激進左派政權
穩健左派政權

專欄

用地圖解讀！日本經濟祕辛 1

北陸地區的農村，為何能發展為資訊科技都市？

提到資訊科技公司，大多數人都會想像在都會區的辦公大樓。不過，這種想法已經落伍了。在這個資訊科技基礎設備發達的時代，已經不再需要「都市」。比方說，目前眾所矚目的就是下一波資訊科技都市將會是田園風光一望無際的鄉間城鎮。

福井縣鯖江市，是一個以眼鏡產業聞名的小城市，最近卻因爲手機軟體公司「jig.jp」在此地發展成功，整個城市掀起一股資訊科技風潮。相較之下，鯖江市在房租等固定開銷相較於東京都心便宜許多，因此有更多的資金致力於軟體開發。當地學校和行政機關對資訊科技業的投入也不遺餘力，如果產官學的合作順利的話，這個小城市成爲日本矽谷指日可待。

鯖江市會是日本矽谷？
市公所
支援該市創業人士
產官學合作
鯖江之丘
Jig.jp等企業辦公大樓坐落在資訊科技產業的中心
鯖江市
北陸車道
三里山
福井高專
包括jig.jp社長在內，資訊科技專業技術人才輩出

第2章 【資源】

爲什麼亞洲的賭場都設在國界附近？

◎「地盡其利」到這等程度！

中國經濟特區

押注中國的「重要地區」就會賺

中國在二〇〇七年之前，連續五年GDP以兩位數成長，有「世界工廠」之稱。二〇〇六年全球手機生產市占率四六．七%，電腦生產市占率八七．三%，汽車生產市占率八．六%。在在顯示近年來中國經濟有顯著且大幅成長。

回溯經濟成長的原點，應該就是當年全國最高領導人鄧小平在改革開放政策下設置的經濟特區。所謂的經濟特區，就是在稅制上給予外商優惠，承認對外經濟活動的自主權。

從一九八〇到八八年，成爲經濟特區的地點有：廣東省的深圳、珠海、汕頭，以及福建省的廈門、海南島。看看地圖就能清楚了解，這幾個地點都位於南部沿海地區。此外，深圳近鄰香港，珠海近鄰澳門，廈門近鄰台灣，位於深圳和廈門中間的汕頭則是著名的華僑出身地，長久發展成爲海洋都市。

經濟特區之所以傾向在沿岸地區，考量當然是因為容易吸引外資。除了回歸前的香港、澳門之外，台灣和東南亞也都引進了分散在全球的華僑資金到中國，進行開發。

做爲外資生產據點而急速成長

經濟特區的政策相當成功。對外資的優待措施和低價勞動力相當誘人，包括香港、日本、台灣等各鄰國，甚至遠到歐洲的公司也陸續進駐。「世界工廠」的基礎就是根據經濟特區政策所打造。上海等地一排排與中國印象差距甚遠的超高大樓林立，民眾也越來越講究高水準生活。

受到這項成果的激勵，中國國內提倡以鄧小平一九八四年的經濟特區爲基準，再於沿海十四個都市設置經濟開發區，並且指定幾條大河的河口三角洲地區爲經濟開放區，將開放政策擴大到內陸都市。到了一九九二年，宣布政治面維持社會主義，經濟面則朝市場經濟邁進，也就是進行社會主義市場經濟政策，對於市場開放更跨出一大步。

藉由在經濟特區建立外資生產據點，也讓中國成功地引進了來自外國的技術與知識。深圳等地成功轉型爲資訊科技都市，成長之迅速甚至快要超越香港。

二〇〇一年，中國加入促進全球貿易自由化的ＷＴＯ（世界貿易組織），原先做爲市場開放最前線的經濟特區也逐漸功成身退，然而，經濟特區可謂目前持續成長的關鍵，支持中國經濟快速發展上意義重大。

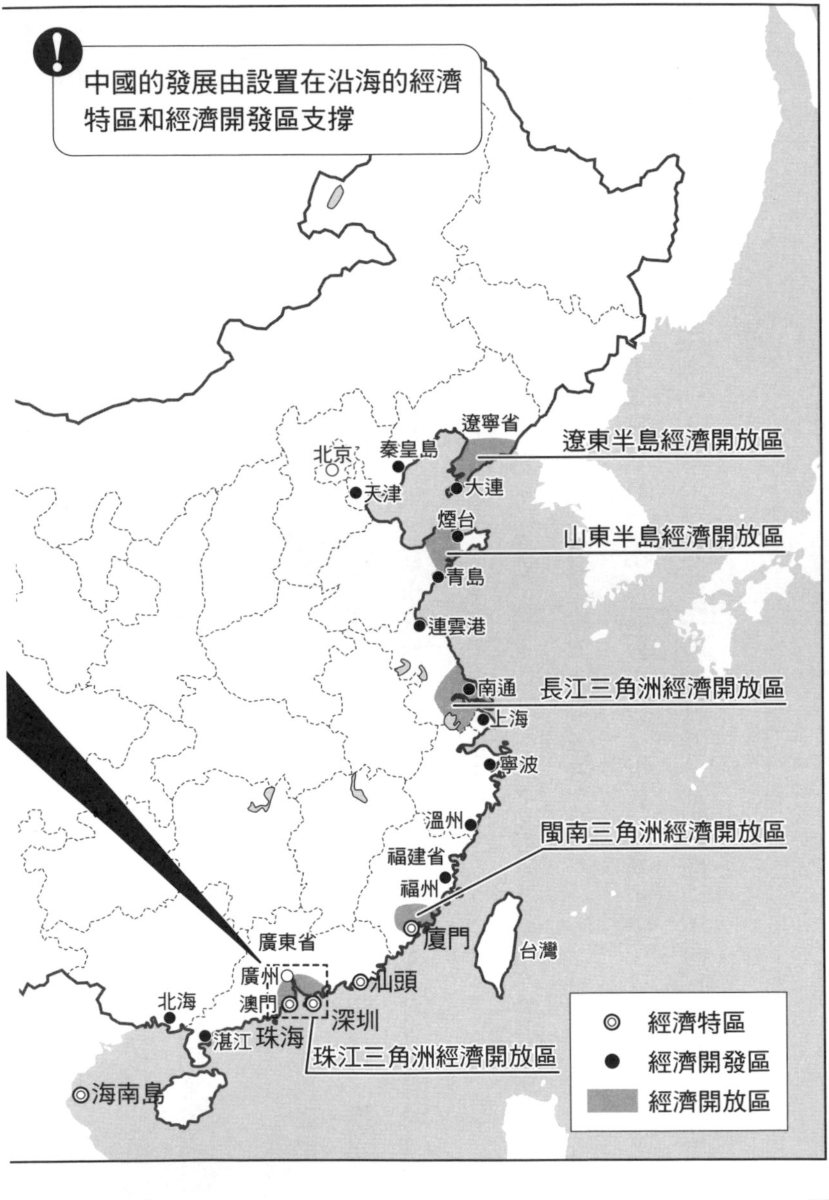
中國的發展由設置在沿海的經濟特區和經濟開發區支撐
遼寧省
遼東半島經濟開放區
北京
秦皇島
天津
大連
煙台
山東半島經濟開放區
青島
連雲港
南通
長江三角洲經濟開放區
上海
寧波
溫州
閩南三角洲經濟開放區
福建省
福州
廈門
台灣
廣東省
廣州
汕頭
澳門
深圳
北海
湛江
珠海
珠江三角洲經濟開放區
海南島
經濟特區
經濟開發區
經濟開放區

◆執行經濟開放政策的地區

物流暢通的珠江三角洲

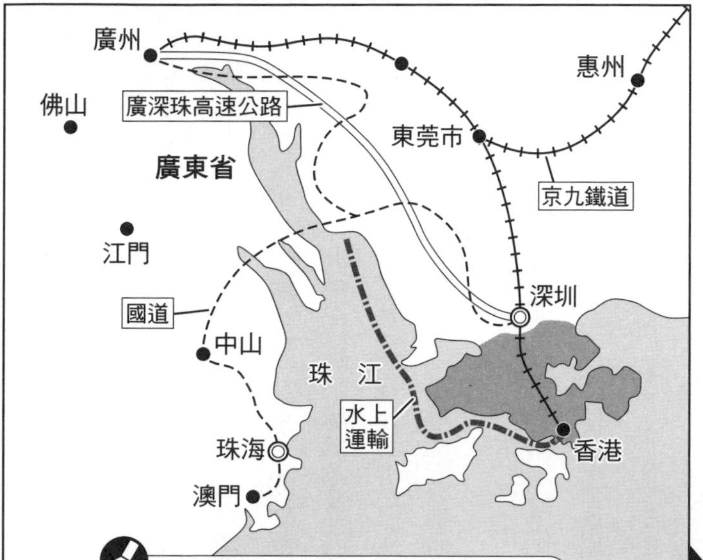

深圳20年內人口增加多達130倍，經濟上也有成長，據說就快急起直追鄰近的香港。

中國經濟發展歷史

年	事件
一九七八	鄧小平提出改革開放路線
一九八〇	設置經濟特區
一九八二	人民公社開始瓦解
一九八五	沿海地區主要都市開放外資
一九八九	發生天安門事件
一九九二	鄧小平宣布轉型為社會主義市場經濟
一九九七	香港回歸
一九九九	承認市營企業
二〇〇一	加入WTO
二〇〇五	GDP超過兩兆美元

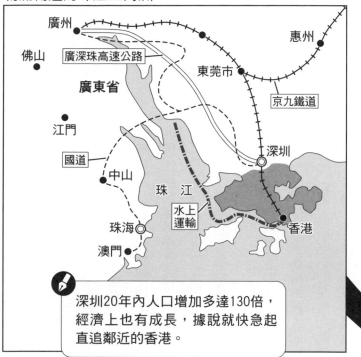

中國內陸

從「中國貧富地圖」看貧富懸殊

當看到中國發展十分亮眼的同時，另一方面「貧窮的中國人」也時有耳聞。中國的國土畢竟為日本的二十五倍之大，即便朝市場開放邁進，經濟持續成長，但地區之間的落差依舊很大。在二〇〇八年舉辦奧運的北京、國際都市上海等沿海大都市，在法規鬆綁的背景下得以迅速發展的背後，西部內陸仍處於落後的情況。

為了縮減東西部差距，中國政府從一九九九年開始西部大開發計畫，著手整頓道路、鐵道、機場等基礎建設。農村遍布的西部地區蘊藏著豐富的資源，天然氣往東部運送的管線建設也在持續進行中。

在經濟上這些開發的區域雖然持續進步，但仍很難稱得上完美。例如西藏自治區每人的GDP大概只有上海的七分之一。即使人事費用低廉，通路上的高成本也讓外商公司對於進駐內陸持保留的態度。此外，占總人口大半的漢族人遷移到西部都市，從事與開發有關的高收入工作，反而使原先一直在西部農村生活的少數民族望塵莫及，目前即使**在西部地區，其內部差距也持續擴大**。

◆中國的GDP——「每人平均」多少？

中國豐饒的沿海地區和貧瘠的內陸區域明顯分為兩個區塊
黑龍江省
吉林省
內蒙古自治區
遼寧省
新疆維吾爾自治區
寧夏回族自治區
河北省
青海省
山西省
山東省
環渤海地區
西藏自治區
甘肅省
陝西省
河南省
江蘇省
安徽省
四川省
湖北省
浙江省
湖南省
江西省
長江三角洲
貴州省
福建省
雲南省
廣西壯族自治區
廣東省
台灣
海南省
珠江三角洲
…2000美元以上
…1400～2000美元
…1400美元以下
※2005年統計
為縮減差距而劃分西部開發的區域

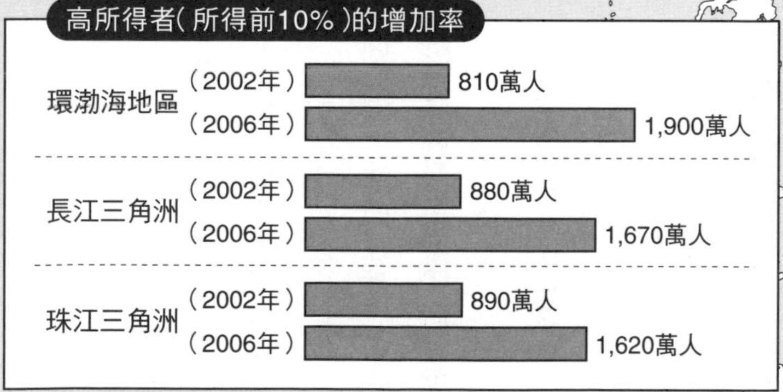
高所得者(所得前10%)的增加率
環渤海地區
(2002年) 810萬人
(2006年) 1,900萬人
長江三角洲
(2002年) 880萬人
(2006年) 1,670萬人
珠江三角洲
(2002年) 890萬人
(2006年) 1,620萬人

出處：經濟產業省

杜拜

杜拜高塔可以撐起杜拜榮景嗎？

假若是從「中東＝石油」來看世界地圖的話，會有錯判事實之虞。例如，構成阿拉伯聯合大公國（UAE）七個酋長國之一的杜拜，就是一個從石油產業成功轉型的國家而備受矚目。

一提到中東國家，往往令人印象最深刻的是以豐富油藏支撐經濟。然而杜拜原本的石油蘊藏量就不多，於是杜拜從國外調度資金整頓港口，並**設置經濟特區及金融中心以聚集投資的資金，來提振金融相關產業**。

此外，更是積極致力於觀光產業。除了建設全世界最高的「杜拜塔（Dubai Tower）」之外，還陸續建設從空中看得到世界地圖的人工島「杜拜世界島（The World）」，以及全球最大規模的主題公園「杜拜樂園（Dubailand）」等極具吸引力的休憩地區。杜拜集合了人力、物力、財力，完成突飛猛進的經濟發展。然而，在二〇〇八年受到全球金融海嘯的影響，海外投資人多半趨向消極。以酋長（國王）爲中心在經濟上持續有驚人發展的杜拜，未來的前景尚不明確。

◆象徵杜拜繁榮的建築群

成為金融、觀光、通路中心地的杜拜，建設了許多世界規模最大的建築物。
波斯灣
以世界地圖為藍本的人工島建設計畫。預定2010年完工。
杜拜世界
黃金市集（Gold Souk）
杜拜國際機場
國際金融中心
杜拜塔
以遊艇風帆為外型的超豪華飯店
帆船飯店（阿拉伯塔）(Burj Al Arab)
朱美拉棕櫚島（The Palm Jumeirah）
傑貝阿里棕櫚島（The Palm Jebel Ali）
從高空眺望呈現棕櫚樹外型的人工島
預定完工後高度為800公尺的全球最高摩天大樓
伊朗
沙烏地阿拉伯
2008年金融風暴之後，建築工程陸續停工。

俄羅斯

俄羅斯想用天然氣管線再度掌握歐亞

天然氣、石油、礦產這些帶給人們日常生活各種恩惠的資源，若從國家這個大框架來思考，擁有天然氣、石油、礦產這些資源就可能變成「外交武器」或「有求必應的萬靈丹」。

一九九一年底蘇聯瓦解之後，長久以來俄羅斯備嘗辛酸。隨著民主進步，和舊蘇聯西側各國之間的關係改善，漫長的冷戰時期也劃下休止符，但故態依舊的工業缺乏國際競爭力、經濟自由化的浪潮引發嚴重通貨膨脹、國家財政惡化，直到一九九八年受到亞洲貨幣危機所波及，停止支付政府公債利息。財政方面在實質上已經破產。

從絕境中拯救俄羅斯的就是天然資源。事實上，俄羅斯原本就是石油及天然氣的寶庫。在總統葉爾欽的時代開發不彰，但到了二〇〇〇年蒲亭總統繼任後，推動新的能源政策。將俄羅斯天然氣工業股份公司（OAO Gazprom）以及俄羅斯石油公司（OAO

Rosneft）半國營化，提高天然氣及石油產業中國家的持股比例。在這幾年石油價格高漲之下，俄羅斯國家財政也逐漸好轉。

●石油和天然氣成爲政治角力的「王牌」

俄羅斯的資源主要供給歐洲各國使用。最近雖然漸漸將重心移往美國和中國，但還是供應給歐盟最多。從俄羅斯的油田和天然氣田鋪設如圖畫般的管線得知，俄羅斯天然氣的供應占歐盟四二％的天然氣，再加上歐盟地區的北海油田及天然氣田枯竭而減產，因此對俄羅斯的依賴逐漸提高。

然而，對歐洲各國而言，並不樂見這種狀況。**因為俄羅斯為了獲得經濟收益，會將天然資源當作外交武器使用**。二〇〇八年對鄰國烏克蘭大幅提高天然氣的價格，在交涉破裂後立刻切斷通往該國的天然氣管線，停止供應天然氣。俄羅斯對白俄羅斯等國也不斷提高天然氣價格，未來難保不對歐洲各國採取同樣的政策。

俄羅斯停止天然氣供應的手段，除了經濟理由之外，也有人認爲還有阻止「脫離俄羅斯掌握」的政治考量。現在對俄羅斯來說，天然資源已經成了找回舊蘇聯榮光的王牌。

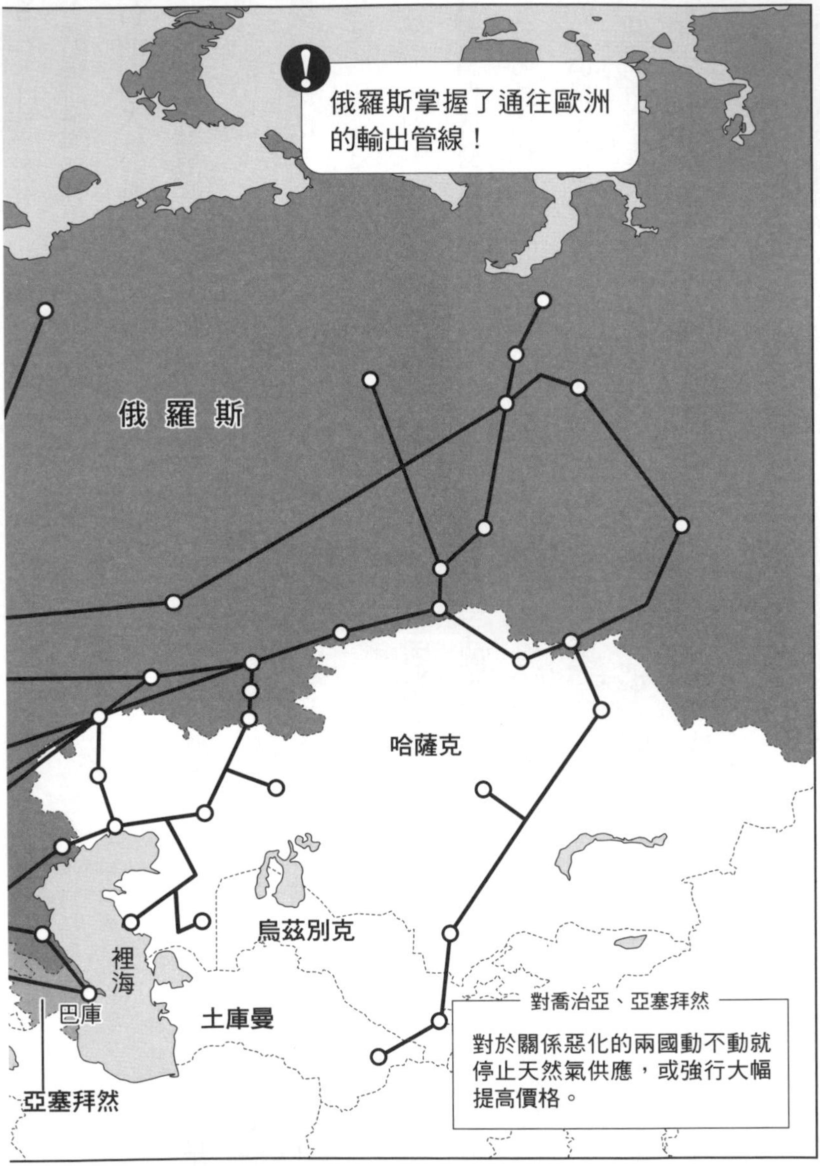
俄羅斯掌握了通往歐洲
的輸出管線！
俄 羅 斯
哈薩克
烏茲別克
裡
海
巴庫
土庫曼
亞塞拜然
對喬治亞、亞塞拜然
對於關係惡化的兩國動不動就
停止天然氣供應，或強行大幅
提高價格。

◆俄羅斯的輸出管線與欺壓式的外交

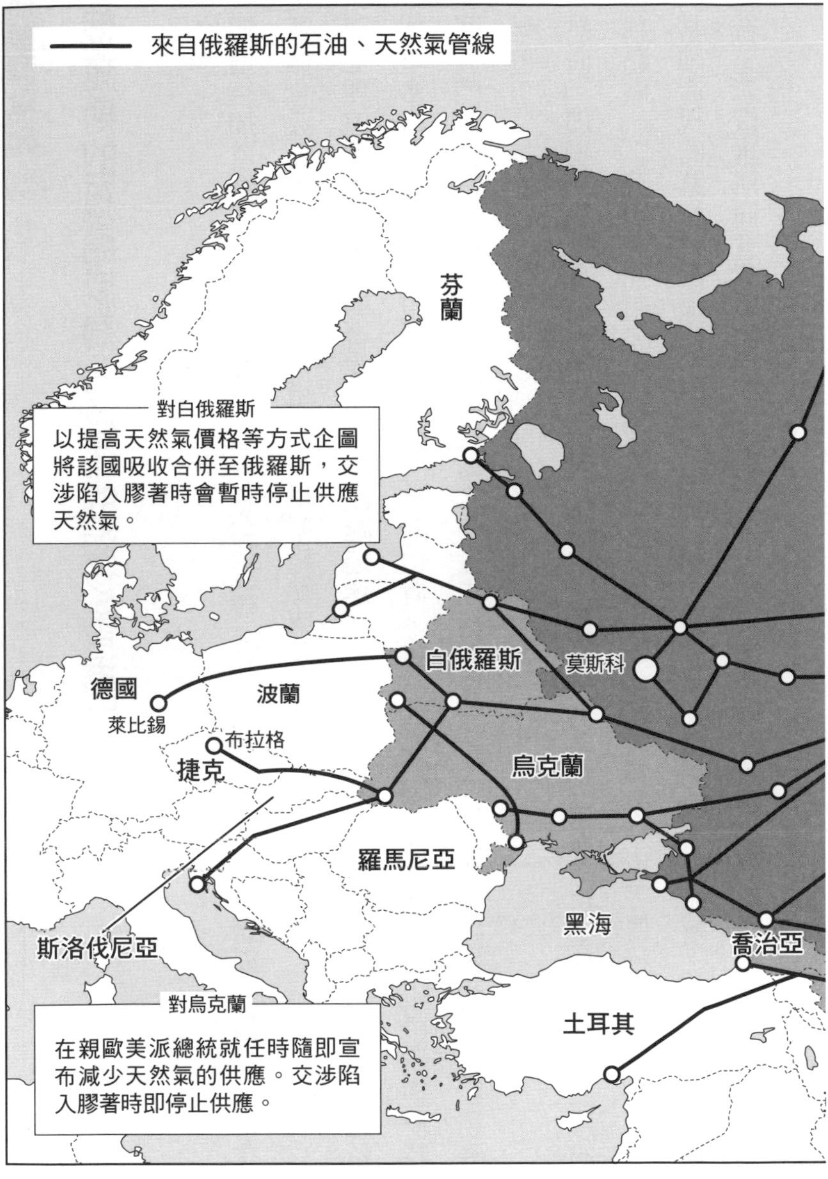
來自俄羅斯的石油、天然氣管線
芬蘭
對白俄羅斯
以提高天然氣價格等方式企圖將該國吸收合併至俄羅斯，交涉陷入膠著時會暫時停止供應天然氣。
白俄羅斯
莫斯科
德國
萊比錫
波蘭
布拉格
捷克
烏克蘭
羅馬尼亞
黑海
喬治亞
斯洛伐尼亞
對烏克蘭
在親歐美派總統就任時隨即宣布減少天然氣的供應。交涉陷入膠著時即停止供應。
土耳其

加里寧格勒

俄羅斯的孤島成為「波羅的海之香港」

知道「加里寧格勒」這個地方嗎？夾在立陶宛和波蘭之間，是俄羅斯的孤島。事實上，這個「孤島」的地理條件可視爲加里寧格勒成長的主要原因。

在地理位置上和俄羅斯首都莫斯科距離遠達一千兩百公里，倒是和歐盟各國的距離較近，加里寧格勒州政府利用這個獨特的地理位置，自一九九〇年代初期就提出設置經濟特區等開放門戶政策，但由於當時俄羅斯本國並未給予充分自治權，所以政策並沒有順利進行。

然而，加里寧格勒有很大的經濟發展潛力。此區域的琥珀蘊藏量占全球九成，波羅的海號稱蘊藏一千萬噸的油田等，其他還有製紙業、家電製造業及漁業等傳統產業。

當地居民的意識就跟他們所在的位置一樣，希望脫離俄羅斯，在經濟上強烈希望與歐洲結合。若俄羅斯同意開放的話，**加里寧格勒將可望成為「波羅的海之香港」**。

◆俄羅斯「孤島」加里寧格勒的優勢

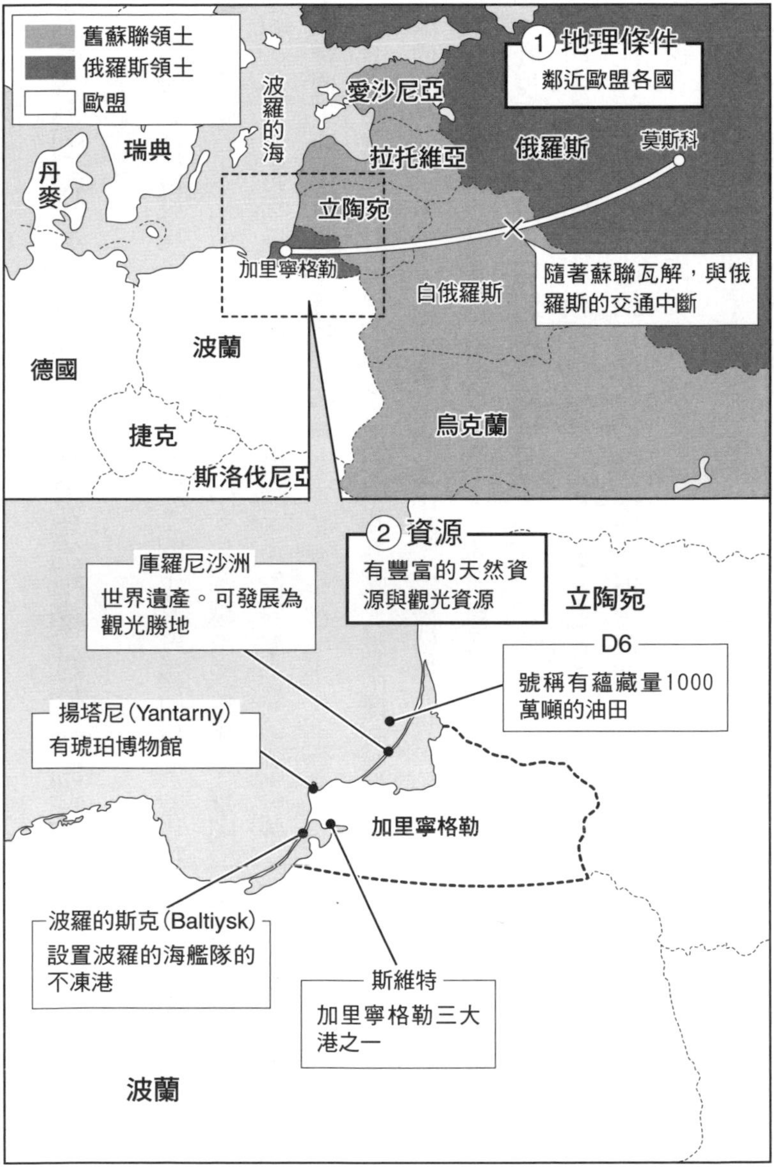

大湄公河經濟圈

大湄公河經濟圈成功的關鍵是縱橫延伸的經濟走廊

即使航空技術發達，做爲經濟「命脈」的主要幹道所扮演的角色更顯重要。鄰近中國有未來値得期待的新興市場，包括越南、泰國、寮國、柬埔寨、緬甸，加上中國的一部分，合稱爲「大湄公河經濟圈」。位於湄公河流域一帶，**統合了貫穿東西南北的主要幹道，使得貿易變得更加活絡**。

扮演整體發展穿針引線的角色是越南和泰國。越南擁有豐富的石油和天然氣等資源，以及廉價的勞力，不少人指出越南將繼中國之後成爲「世界工廠」。另一方面，泰國自一九八〇年代因爲工業化而有高度成長，日本及歐美的汽車、家電廠商紛紛在此設置生產據點，在度過貨幣危機後持續穩定成長中。

橫跨中南半島的「東西經濟走廊（East-West Economic Corridor）」連接了泰國和越南。即使在軍事政權下的緬甸部分工程延滯，但也已開通九成了。從泰國、寮國內陸地區運送的物資，可以在越南峴港（Tourane）裝船輸出。

東西經濟走廊和南北經濟走廊交會，並且在曼谷與第二東西經濟走廊連通，使得大湄公河經濟圈的通路效率突飛猛進，未來更期待農村開發與投資事業能更進一步發展。

◆活絡中南半島的幹線道路網

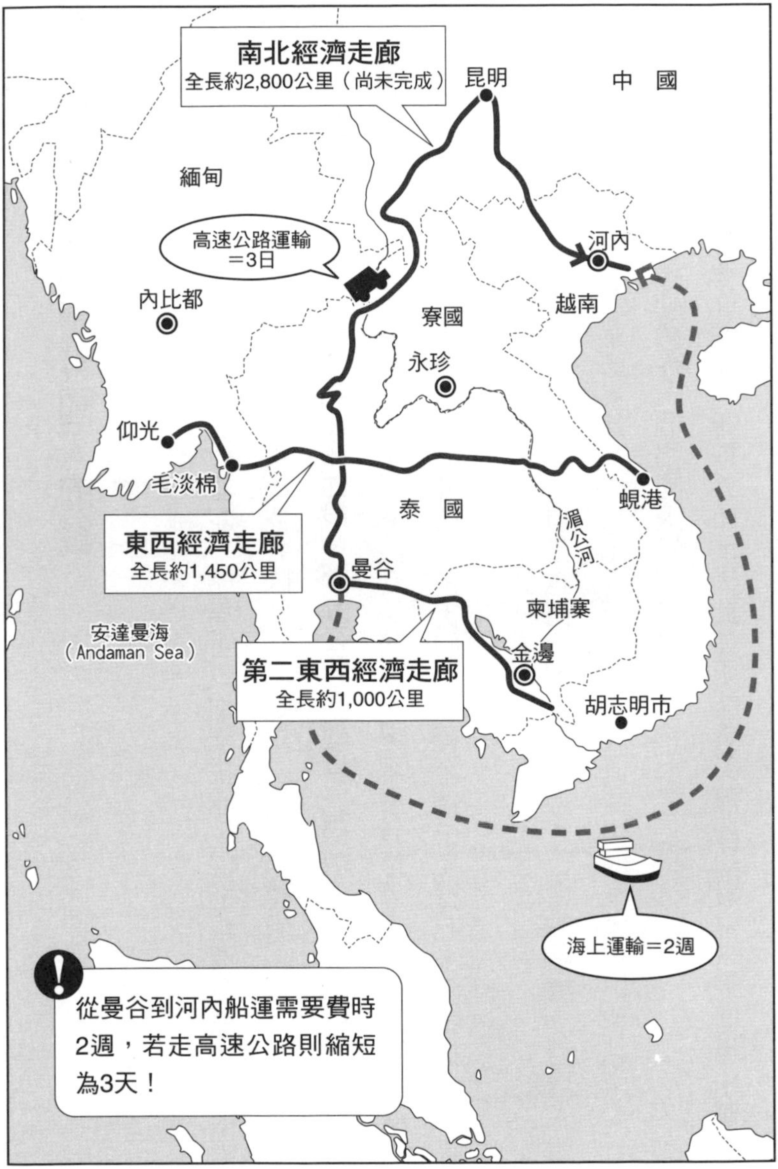
南北經濟走廊
全長約2,800公里（尚未完成）
昆明
中　國
緬甸
高速公路運輸
＝3日
河內
內比都
越南
寮國
永珍
仰光
毛淡棉
蜆港
泰　國
東西經濟走廊
全長約1,450公里
湄公河
曼谷
柬埔寨
安達曼海
（Andaman Sea）
金邊
第二東西經濟走廊
全長約1,000公里
胡志明市
海上運輸＝2週
從曼谷到河內船運需要費時
2週，若走高速公路則縮短
為3天！

東南亞

賭場設在國界來賺外國人的錢

合法賭場究竟可以獲得多少經濟效益呢？賭場可以增加稅收，促進經濟發展。目前全世界約有一百一十個國家認可賭場，東南亞各國近年來也致力於開設賭場。

值得玩味的是，**東南亞的賭場比鄰而設，都蓋在國界附近**。越南在東部的芒街（Móng Cái），寮國在西部的磨丁（Boten）都新開設合法賭場，但兩者皆位於與中國的交界處。目標鎖定越過邊界的中國富人口袋裡的外幣。芒街的賭場裡全爲中文標記，發牌員也會說中文。

越南人雖然將賭場設置在自己國家，但是越南人卻被禁止進入芒街的賭場。越南人如果想賭博，就得越過邊界到鄰國柬埔寨的賭場。至於禁止設置賭場的泰國，則和越南人一樣，要到寮國、緬甸、柬埔寨等三個鄰國邊界的賭場。

東南亞各國企圖從邊界的賭場賺取外幣，因此如雨後春筍般紛紛設立。從賭場中賺取外幣已經成爲東南亞各國不可或缺的收入來源。

◆設置在邊界附近的賭場

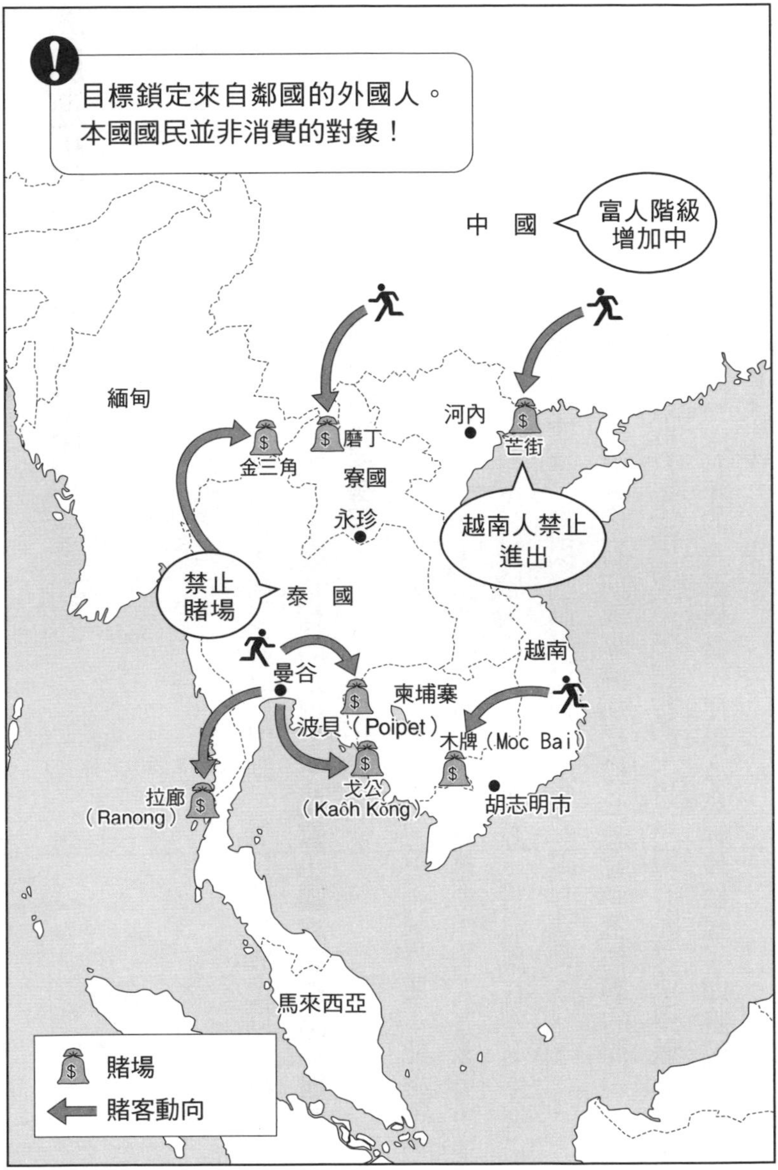
目標鎖定來自鄰國的外國人。
本國國民並非消費的對象！
中　國
富人階級增加中
緬甸
河內
磨丁
芒街
金三角
寮國
永珍
越南人禁止進出
禁止賭場
泰　國
越南
曼谷
柬埔寨
波貝（Poipet）
木牌（Moc Bai）
拉廊（Ranong）
戈公（Kaôh Kŏng）
胡志明市
馬來西亞
賭場
賭客動向

冰島

冰島進化版的新能源時代

環保問題將成爲今後全球經濟的關鍵字之一。

世界各國在早期以脫離石化燃料社會化，而強制訂出限制二氧化碳排放量以減緩地球暖化的策略，但可能造成經濟停滯的現象。在這樣的情況下，**北歐小國冰島提出「氫能社會」的構想，成為思想先進的環保先進國家**。

冰島是個兼有火山與冰河的國家，由於位在北美板塊和歐亞板塊交界處，能獲得地熱，而將冰河的融雪化爲水之後就能進一步獲得水力。爲此，冰島電力中的九九％可由地熱發電和水力發電提供，但政府仍進一步著眼於「氫能」這個能源。將氫素在空氣中與氧氣進行化學反應，產生的電力轉爲能量，實現一個可以利用這些能源的社會。

由於氫不會排放二氧化碳，也不需要像石油或煤礦那樣擔心將會產量枯竭的問題。目前冰島政府已經開始行駛裝有氫氣燃料電池的公車和船舶，也致力於開發使用氫能的產品。爲了消除高成本，又加上二〇〇八年的金融風暴，使得冰島經濟面臨了即將破產等危機，但未來仍期待冰島成爲環保適應型社會的模範。

◆冰島脫離石化燃料社會的計畫

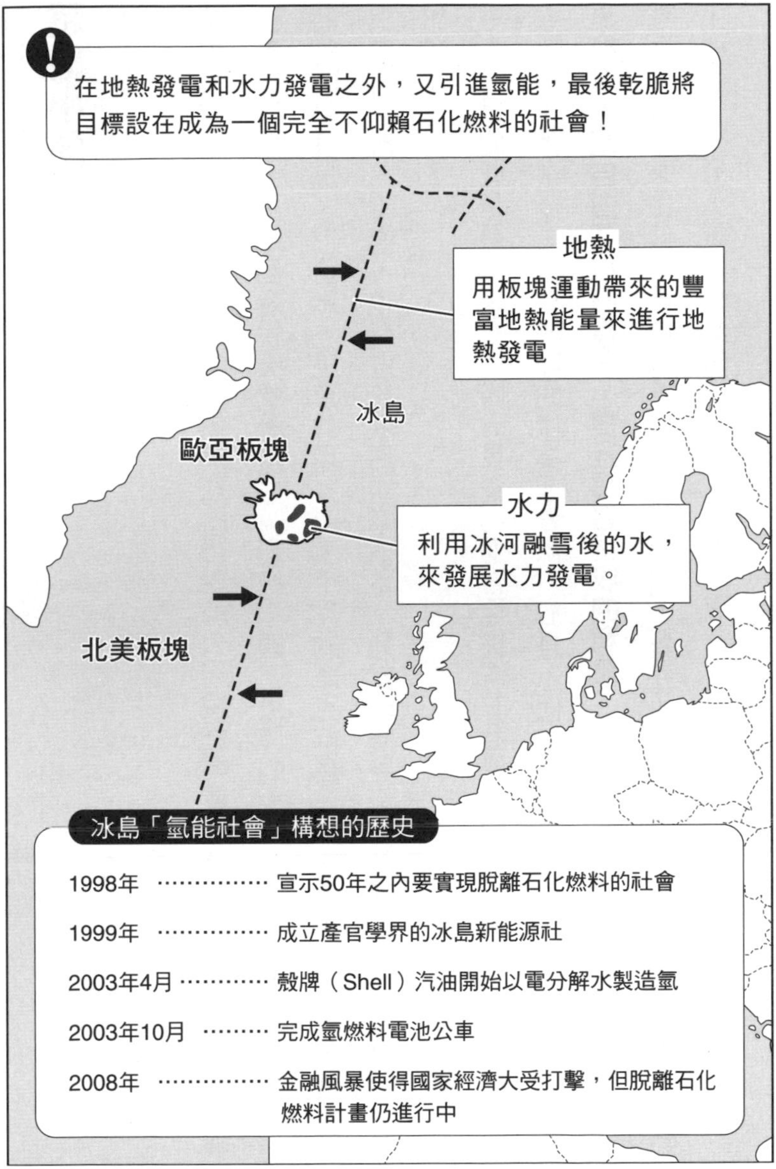
在地熱發電和水力發電之外，又引進氫能，最後乾脆將目標設在成為一個完全不仰賴石化燃料的社會！
地熱
用板塊運動帶來的豐富地熱能量來進行地熱發電
冰島
歐亞板塊
水力
利用冰河融雪後的水，來發展水力發電。
北美板塊
冰島「氫能社會」構想的歷史
1998年 …………… 宣示50年之內要實現脫離石化燃料的社會
1999年 …………… 成立產官學界的冰島新能源社
2003年4月 ………… 殼牌（Shell）汽油開始以電分解水製造氫
2003年10月 ……… 完成氫燃料電池公車
2008年 …………… 金融風暴使得國家經濟大受打擊，但脫離石化燃料計畫仍進行中

避稅天堂

超級小國的「生存」之道

避稅天堂（Tax Heaven），是指那些所得稅或公司稅爲零或極低的國家或地區，在嚴峻的世界經濟之下，成爲避稅天堂是這些「超級小國」生存的手段之一。著名的例子有加勒比海的開曼群島、巴哈馬、維京群島，南太平洋的庫克群島、新喀里多尼亞等，特色就是多爲南方島嶼。不過，也有位於歐洲的摩納哥、列支敦斯登、安道爾等國。避稅天堂究竟是如何建立的？

最大的目的就是藉由來自外國的投資促進當地經濟的發展。如地圖所示，各個租稅天堂國家的領土都很小，沒有明顯的產業或資源。於是，便以有利的稅制吸引外國企業，藉此**聚集能讓本國自由運用的資金，提升超過稅收的利益**。

然而，近年來由於常被做爲逃稅及洗錢之用，各界要求必須強化規範。在避稅天堂的國家不問資金來源，銀行也必須遵守保密義務，因此成爲非法人士經常運用的管道。

◆世界主要租稅天堂

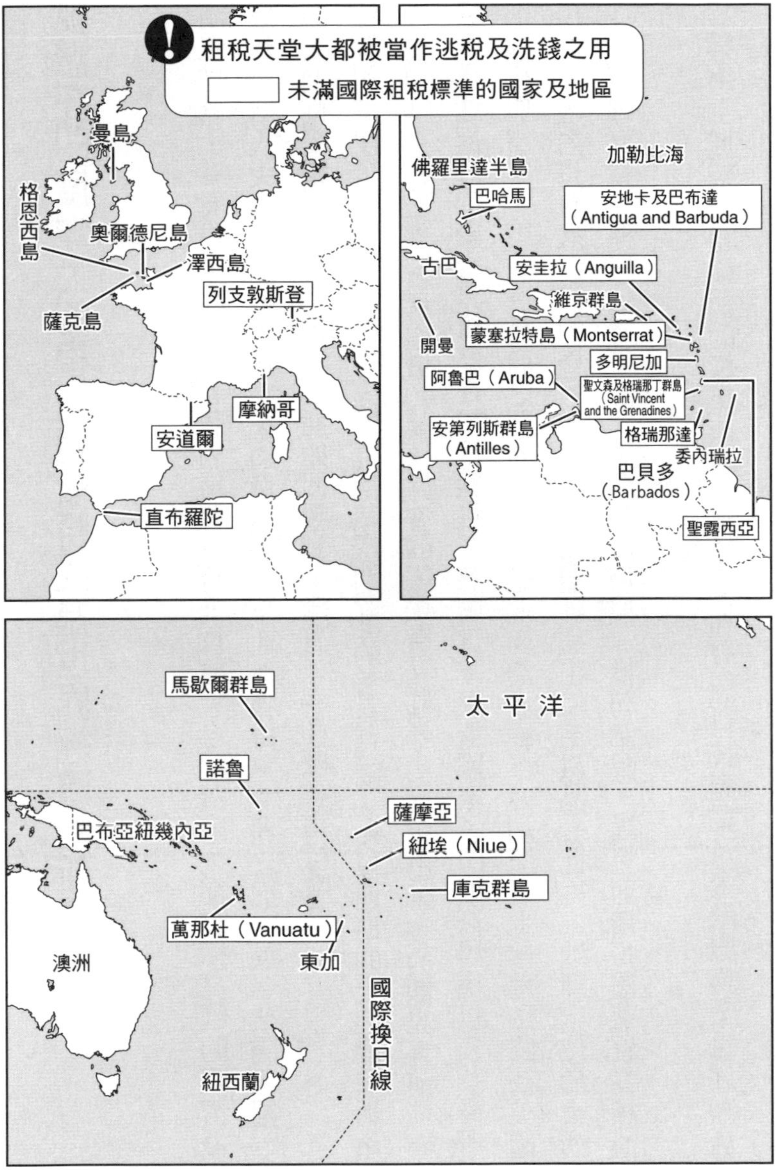
租稅天堂大都被當作逃稅及洗錢之用
未滿國際租稅標準的國家及地區
曼島
格恩西島
奧爾德尼島
澤西島
薩克島
列支敦斯登
摩納哥
安道爾
直布羅陀
加勒比海
佛羅里達半島
巴哈馬
安地卡及巴布達（Antigua and Barbuda）
古巴
安圭拉（Anguilla）
維京群島
開曼
蒙塞拉特島（Montserrat）
多明尼加
阿魯巴（Aruba）
聖文森及格瑞那丁群島（Saint Vincent and the Grenadines）
安第列斯群島（Antilles）
格瑞那達
委內瑞拉
巴貝多（Barbados）
聖露西亞
馬歇爾群島
太平洋
諾魯
薩摩亞
巴布亞紐幾內亞
紐埃（Niue）
庫克群島
萬那杜（Vanuatu）
東加
澳洲
國際換日線
紐西蘭

模里西斯

孤懸在印度洋上的模里西斯將成為世界經濟的新據點

請在地圖上看看模里西斯。若聽到這個只有米粒般大小的國家，卻有極亮眼的經濟發展，應該會令人大感意外吧！近年來的發展讓模里西斯獲得「非洲之虎」或「樂園奇蹟」的稱號，而備受矚目。究竟模里西斯如何辦到？還有，爲什麼會這樣呢？

位於印度洋上的模里西斯，是擁有世界頂級海灘的著名島國。模里西斯的土地面積與東京都大小相近，但豐富的自然環境和熱情好客的國民廣受好評，因此吸引不少的觀光客前往。**國家迅速提升的關鍵其實就在於民族性**。該國爲多民族國家，印度裔居民以及華裔居民分別強化與印度、中國貿易商之間的關係，促進商業發展。外加歷史上曾爲法國及英國的殖民地，境內也有歐洲裔的移民後代，對歐盟國家出口毛織品。此外，地理上位於東西南北海洋航線交錯的樞紐位置，因此十分利於發展。換句話說，模里西斯扮演著貿易核心的角色。

建構出全球經濟組織網的模里西斯，近年來在資訊科技產業及金融服務業也逐漸活絡，未來發展相當值得期待。

◆模里西斯的經濟組織網

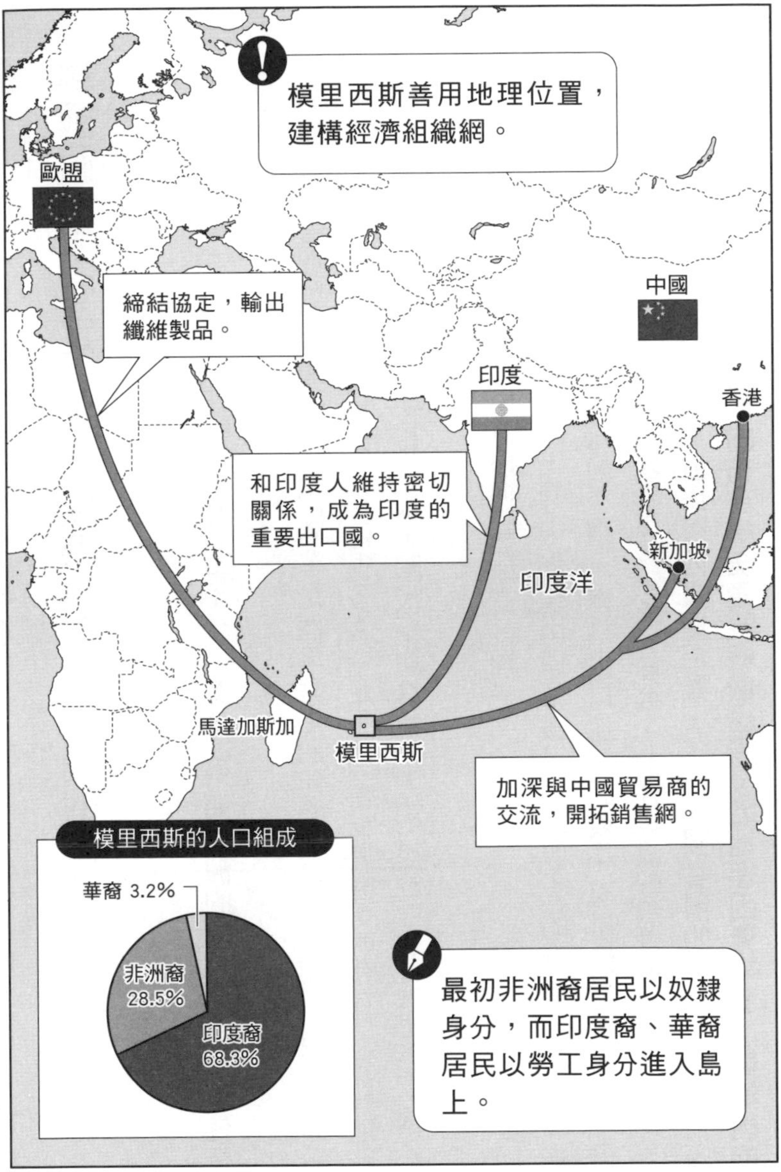
模里西斯善用地理位置，建構經濟組織網。
歐盟
締結協定，輸出纖維製品。
中國
印度
香港
和印度人維持密切關係，成為印度的重要出口國。
新加坡
印度洋
馬達加斯加
模里西斯
加深與中國貿易商的交流，開拓銷售網。
模里西斯的人口組成
華裔 3.2%
非洲裔 28.5%
印度裔 68.3%
最初非洲裔居民以奴隸身分，而印度裔、華裔居民以勞工身分進入島上。

布吉納法索

受鄰國政治不安定之累而成為全球最貧窮的國家

「國土是否面海」對該國的經濟活動有很大的影響。例如非洲的布吉納法索，就是「致命」關鍵。

布吉納法索位於撒哈拉沙漠南部的內陸，是個沒發生過什麼大紛爭的和平國家。因爲與世無爭，也很少在新聞中受到報導，相信很多人一定不知道這個國家的存在。非洲地區有很多國家還很貧窮，布吉納法索也一樣，國民平均GDP大約只有一千一百美元，是全球最貧窮的國家之一。

至於貧困的原因，有一部分來自地理條件。

布吉納法索的產業主要爲農業，其中棉花出口就占了外幣收入的五成。然而，鄰國象牙海岸自二十世紀末就陷入政局不穩，做爲出口途徑的象牙海岸港灣城市阿必尙（Abidjan）所連接的鐵路或主要幹道路經常被阻斷。此外，前往經濟較爲富庶的象牙海岸工作的布吉納法索勞工，也是因爲象牙海岸國內政局混亂，只好回到貧困的故鄉，同樣爲本國經濟帶來嚴重打擊。**「不臨海」的布吉納法索要提振經濟，從地理因素來看，與鄰國的政局息息相關。**

◆布吉納法索經濟狀況的受到鄰國影響

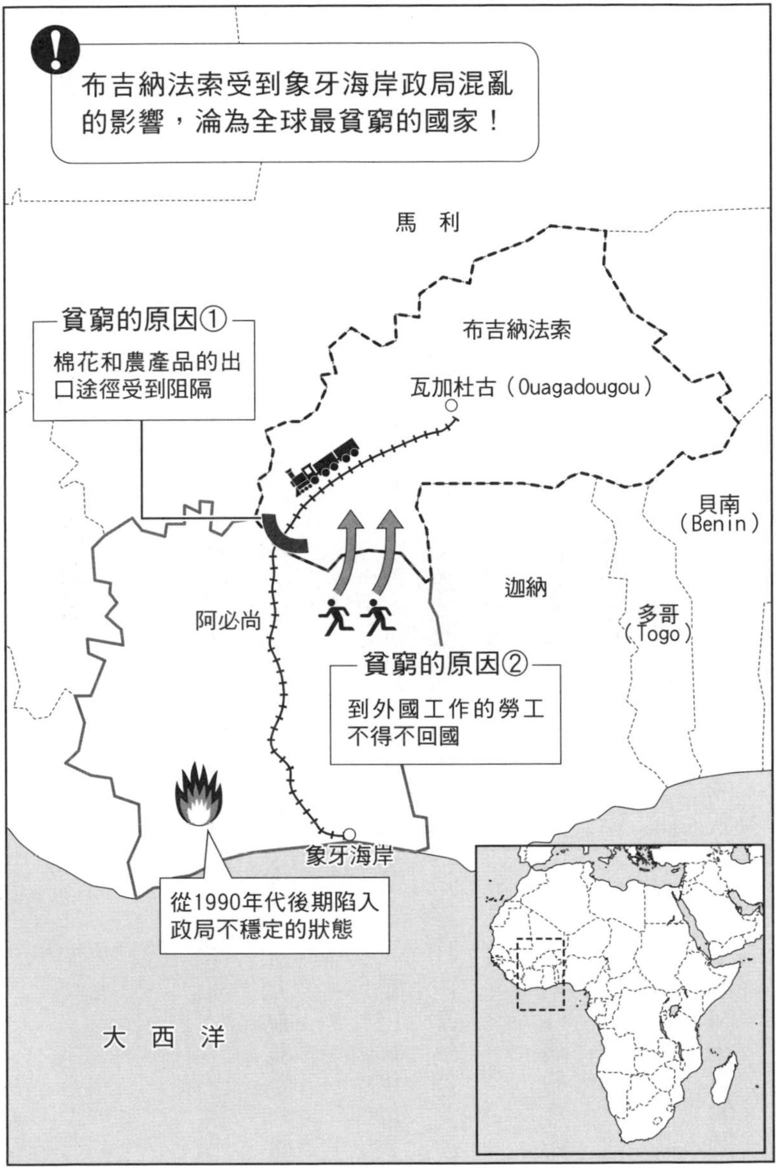
布吉納法索受到象牙海岸政局混亂的影響，淪為全球最貧窮的國家！
馬 利
布吉納法索
瓦加杜古（Ouagadougou）
貧窮的原因①
棉花和農產品的出口途徑受到阻隔
貝南（Benin）
迦納
多哥（Togo）
阿必尚
貧窮的原因②
到外國工作的勞工不得不回國
象牙海岸
從1990年代後期陷入政局不穩定的狀態
大 西 洋

巴拿馬

光是運河通航費，巴拿馬就賺得飽飽的

二十世紀初期所開鑿的巴拿馬運河，和蘇伊士運河並稱爲「世界兩大運河」。巴拿馬運河細長的河流水路將整個國家一分爲二，全長八十公里——連接太平洋和加勒比海，而這條運河正是巴拿馬的經濟命脈。

巴拿馬包括通航費在內的各項相關收入，大約占政府歲收的百分之十，是巴拿馬最大的收入來源。**巴拿馬國民每人的平均收入在中美洲各國位居第一**，這也是拜巴拿馬運河所賜。政府爲了更有效善用這條「命脈」運河，在經濟政策上也下了許多工夫。

首先，若將船籍設在巴拿馬，就能享受稅制上種種優待措施。因此，很多外國船隻紛紛更改爲巴拿馬籍。此外，通航費也以一艘船平均約三萬五千歐元的「低於行情價」設定，這麼一來，與不經巴拿馬運河航行的費用相較，只需花費大概十分之一的價格。在這些政策奏效之下，巴拿馬運河的通航量增大，甚至達到飽和的狀態而必須面臨拓寬的問題。

◆占政府歲收一成的巴拿馬運河

運航容積一噸約2.6美元的通行費，就是巴拿馬最大的收益。
加勒比海
●科隆（自由貿易區）
蓋頓水閘（Gatun Locks）
這條運河每年有幾十億美元的收益！
全長80公里。水閘門之間有高低落差，因此需要花8～9小時才能通過。
●巴拿馬市
佩德羅米格爾水閘（Pedro Miguel Locks）
麥瑞福勞斯水閘（Miraflores Locks）
太平洋
多到異常的巴拿馬船隻
〈各國船籍比例〉
巴拿馬 21%
利比亞 9%
巴哈馬 6%
希臘5%
馬爾他5%
塞普勒斯4%
挪威4%
新加坡4%
中國3%
日本3%
其他 36%
巴拿馬對船隻所課的稅金便宜，監督規範寬鬆，向各國銷售「船籍」而獲得龐大利益。

東西德

東西德經濟上的「壁壘」造成人民的心結

提到德國，和英國、法國同樣都是牽動歐盟的經濟大國。以汽車、電機機械等高度工業能力爲背景而發展各項產業，穩定經濟基礎。二〇〇七年的GDP（國內生產毛額）僅次於美國、日本，爲全球第三名，未來預料還會持續成長。

然而，德國的經濟也有隱憂，因爲**目前舊西德和舊東德地區在經濟上仍有差距**。眾所周知，受到東西冷戰影響的德國，在一九九〇年之前被分成東西兩個國家，冷戰結束後雖然再次統一，舊西德因爲統一之後伴隨的費用增加而必須增稅；舊東德過時的工業設備造成空氣污染等，還有其他許多令人困擾的問題產生。

其中最大的問題就是東西落差。這個現象持續至今，**二〇〇九年舊東德的失業率為一二·八%，是舊西德七·一%的將近兩倍**。面對這樣的狀況，有人認爲這會讓舊東德的居民有自卑感。在柏林圍牆拆除後至今將近二十年的時間，或許民眾「內心的高牆」還沒有完全撤除。

◆飽受東西落差之苦的德國

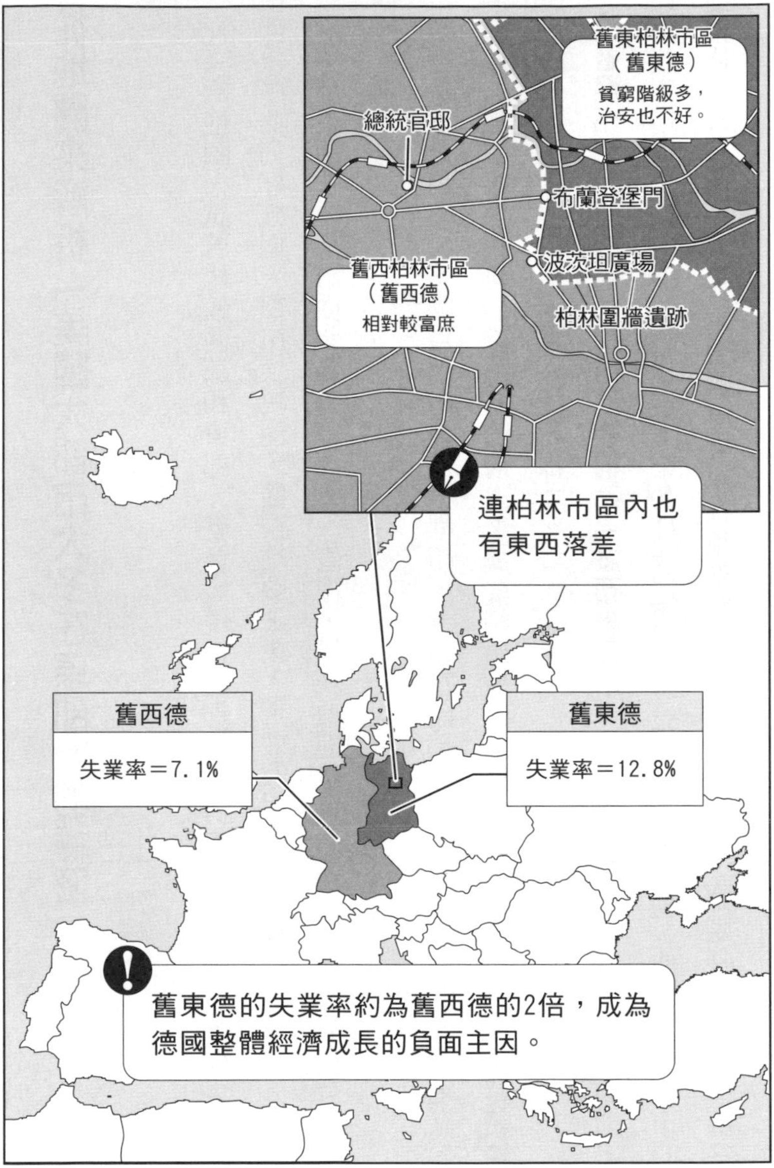
舊東柏林市區
（舊東德）
貧窮階級多，
治安也不好。
總統官邸
布蘭登堡門
波茨坦廣場
舊西柏林市區
（舊西德）
相對較富庶
柏林圍牆遺跡
連柏林市區內也
有東西落差
舊西德
失業率＝7.1%
舊東德
失業率＝12.8%
舊東德的失業率約為舊西德的2倍，成為
德國整體經濟成長的負面主因。

美國東部

從地圖來解析「美國大都市大多在東部」的祕密

在美國地圖上試著比較西部和東部，就會發現很有趣的事情。紐約、費城等從東部到東南部依序並列好幾個大都市。更深入觀察地圖之後，還能看出兩項特色。一項是東部主要都市從北到南串連成一直線，另一項則是東部各主要都市都在有流往大西洋的河川沿岸。

這些並不是巧合。美國東部的幾個大都市，分布在阿帕拉契山脈東南部的丘陵地區，這個區域和海岸平原相接的部分有斷層，形成陡峭斜坡。斜坡上出現瀑布、急流，持續構成一直線，因此這一帶被稱爲「瀑布線」。

沿著瀑布線分布的幾個都市就被稱為「瀑布線都市」。激流和急流成爲水車的動力，因此這些都市在早期就很進步。接下來各種能運用水力發電的工業蓬勃，使得工業都市的基礎維持至今。換句話說，美國歷史上在東部許多大都市的繁榮，都是拜這條瀑布線之賜。

◆並列在「瀑布線」上的各大都市

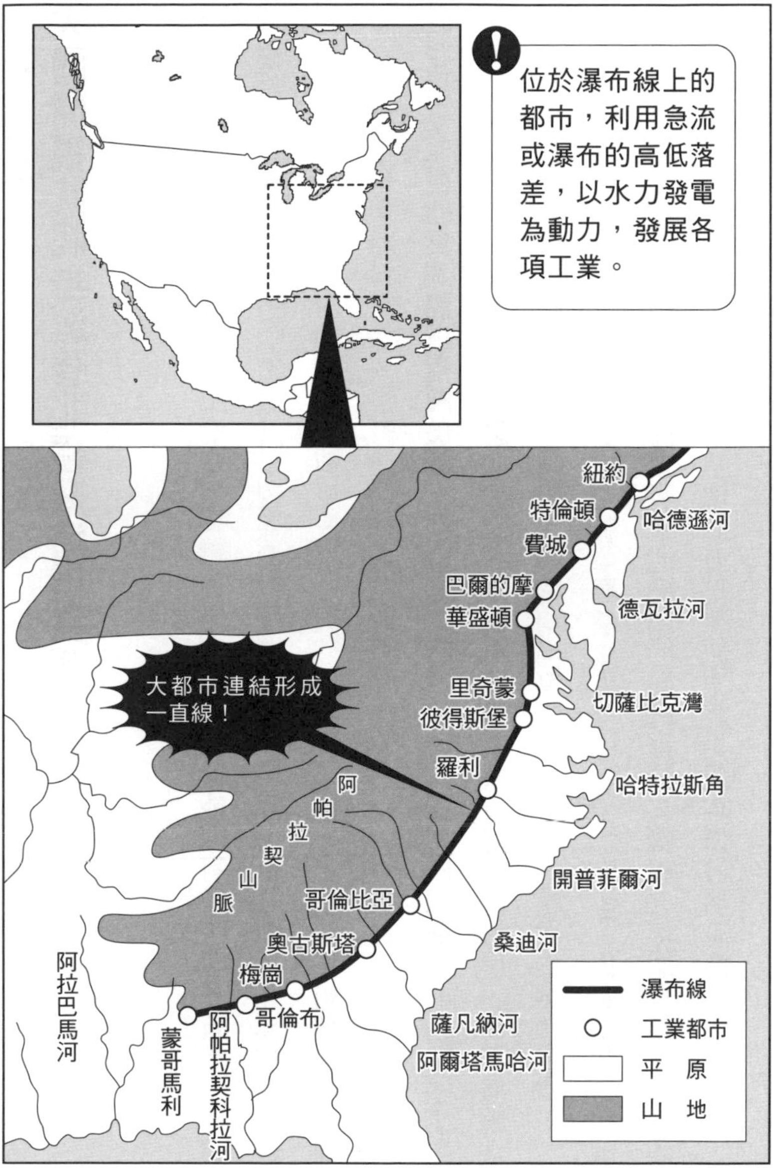

◎經濟糾紛地圖3

大國虎視眈眈垂涎著北極海這個資源寶庫

要達成經濟成長，使得國民生活富裕，重要的關鍵就在於能保有多少能源資源。從這個角度來看，目前眾所矚目的區域就是覆蓋厚厚冰層的銀白世界——北極。北極被譽爲資源的寶庫，據說全球尚未發現的石油有一三％、天然氣有三〇％，都蘊藏在這塊大陸及周邊的海底。除了石化燃料之外，也有鑽石及黃金等礦藏。

問題是，**北極的資源開採權屬於哪一個國家呢**？目前沒有任何國家擁有北極的領土所有權。俄羅斯、美國、加拿大、丹麥、挪威，這五個國家圍繞著北極海沿岸，但根據聯合國海洋公約，只承認從本國延伸兩百海里以內的領土所有權，因此北極海被視爲公海。

然而，俄羅斯在二〇〇七年以海底山脈（羅蒙諾索夫洋脊，Lomonosov Ridge）和俄羅斯沿岸大陸棚相連爲理由，以深海潛艇在北極點的海底裡豎立國旗。這個舉動引起各國強烈反彈，加拿大甚至提出設置軍事基地的方針。原本該是與經濟發展有關的天然資源，在不久的將來，有可能成爲引發衝突的火種。

◆圍繞在北極海的各國占有領域

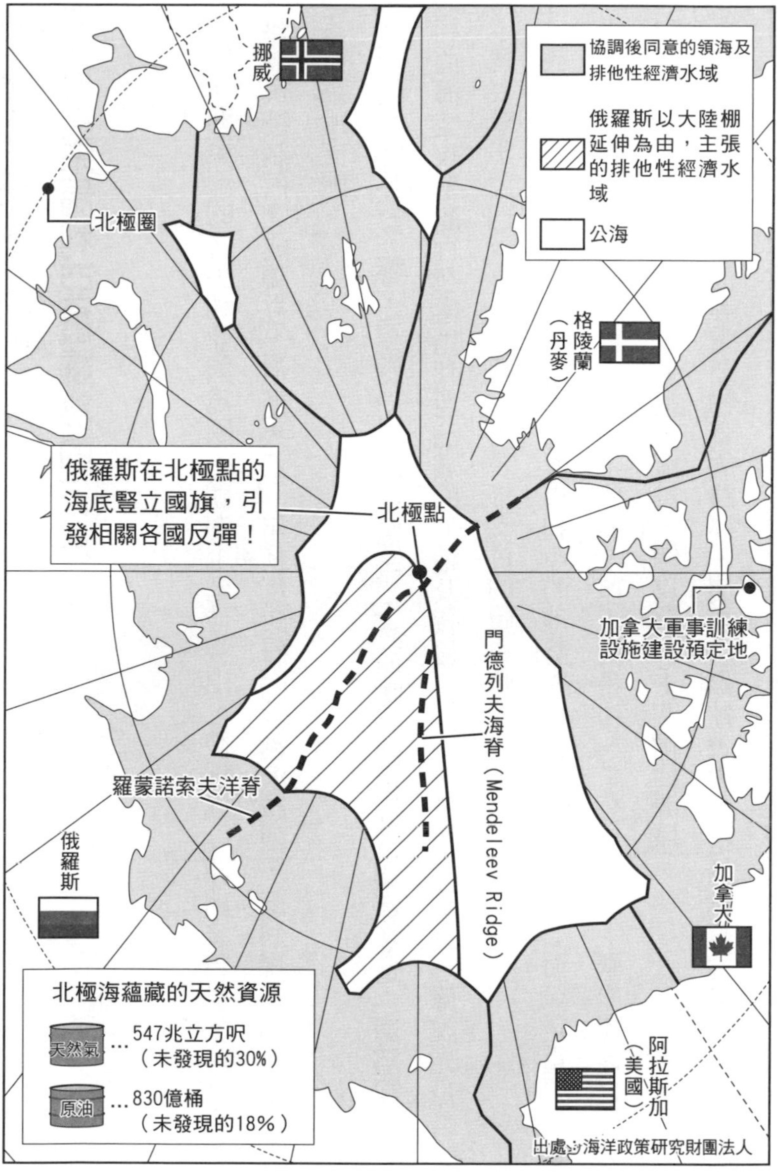
挪威
協調後同意的領海及排他性經濟水域
俄羅斯以大陸棚延伸為由，主張的排他性經濟水域
公海
北極圈
格陵蘭（丹麥）
俄羅斯在北極點的海底豎立國旗，引發相關各國反彈！
北極點
加拿大軍事訓練設施建設預定地
門德列夫海脊（Mendeleev Ridge）
羅蒙諾索夫洋脊
俄羅斯
加拿大
北極海蘊藏的天然資源
天然氣…547兆立方呎（未發現的30%）
原油…830億桶（未發現的18%）
阿拉斯加（美國）
出處：海洋政策研究財團法人

◎經濟糾紛地圖4

海盜是索馬利亞最賺錢的行業

位於非洲東部的索馬利亞因爲國土朝海上延伸突出，被稱爲「非洲之角」。一九六〇年脫離殖民控制而完成獨立，但進入八〇年代反政府鬥爭越演越烈，直到現在仍持續受各地部落派系所支配。

受到長期內戰的影響，索馬利亞的經濟崩盤，然而**唯一賺錢的行業竟然是「海盜業」**。索馬利亞海盜攻擊航行在索馬利亞海域的油輪及貨輪，挾持人質要求贖金。據說光是二〇〇八年就攻擊了大約一百一十艘船，要求支付的贖金超過三千萬美元。

這些海盜之所以能如此囂張，和索馬利亞的地勢密切相關。索馬利亞海域是重要的航線，每年往來的船隻超過一萬八千艘；此外，亞丁灣長約一千公里，加上兩岸陸地之間只有大約四百公里之窄。對海盜來說，這是一個攻擊對手的絕佳海域。

正由於這是運送石油等重要物資的路徑，使得國際社會對此格外具有危機感。日本船隻也遇害過，因此日本政府決定派遣海上自衛隊隨行，出面驅逐海盜。

◆索馬利亞海盜出沒的海域

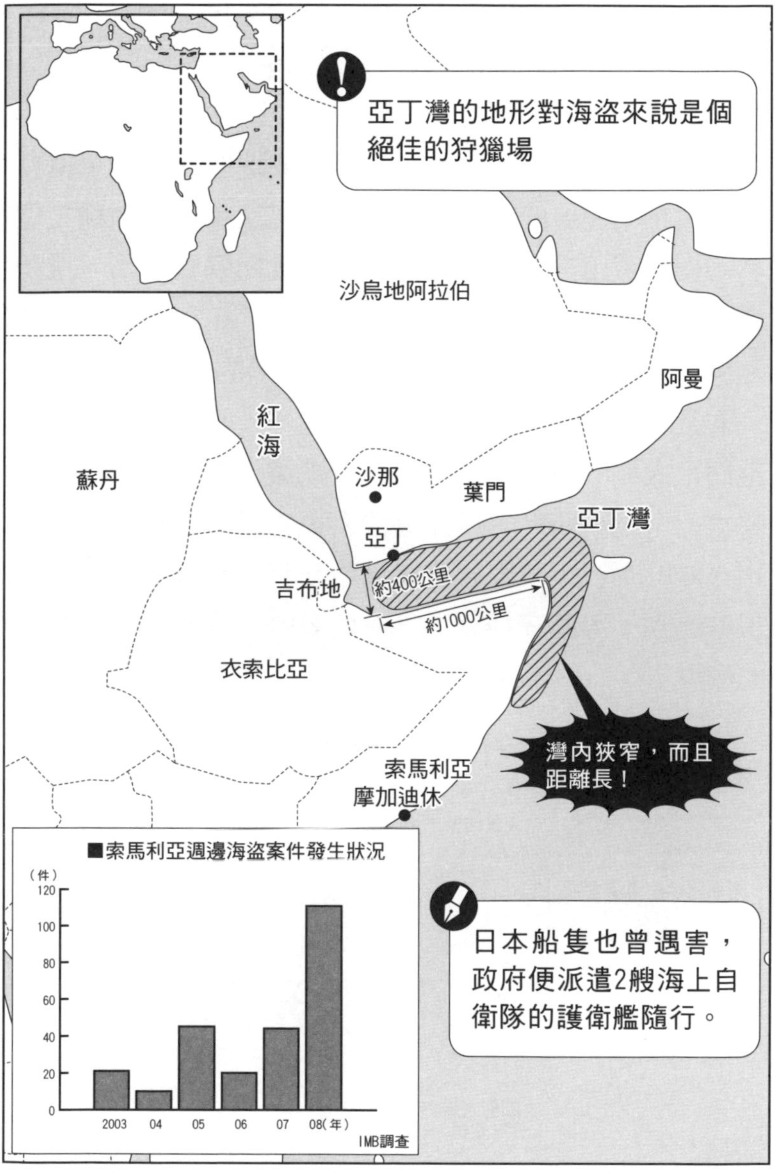
亞丁灣的地形對海盜來說是個絕佳的狩獵場
沙烏地阿拉伯
阿曼
紅海
蘇丹
沙那
葉門
亞丁灣
亞丁
吉布地
約400公里
約1000公里
衣索比亞
灣內狹窄，而且距離長！
索馬利亞
摩加迪休
■索馬利亞週邊海盜案件發生狀況
（件）
120
100
80
60
40
20
0
2003
04
05
06
07
08（年）
IMB調查
日本船隻也曾遇害，政府便派遣2艘海上自衛隊的護衛艦隨行。

專欄

用地圖解讀！日本經濟祕辛 2

「地名」與「經濟」之間的密切關係？

大多數地名都是因為該地的歷史或地形而得名，但有一些隨著大企業發展的企業城邑，也會以該企業的名稱來做為地名。例如豐田汽車大本營所在地，愛知縣豐田市，或是日立工廠所在地的企業城邑：茨城縣日立市，都是著名的例子。但是，大家知道還有其他以企業命名的地方嗎？

東芝所在的東京都府中市東芝町、大發汽車所在的大阪府池田市大發町、速霸路（富士重工業）群馬工廠所在的群馬縣太田市速霸路町、三洋電機大東事業所所在的大阪府大東市三洋町等……多數狀況在當地都有一整排工廠，是城鎮發展的原點。因此在地圖上查看地名時，或許還會有其他意外的發現！

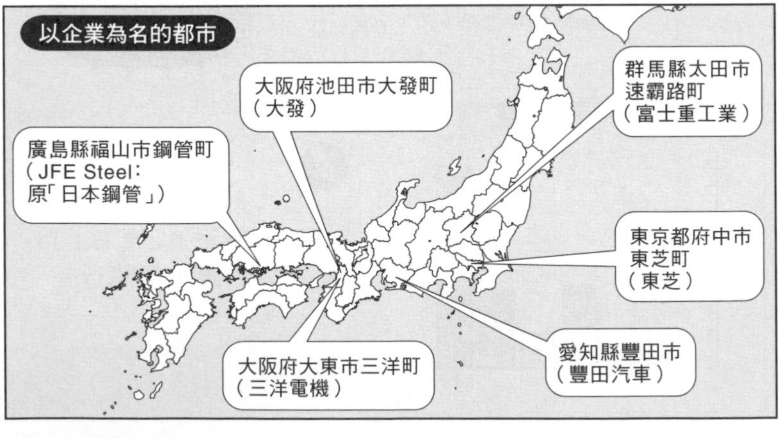
以企業為名的都市
大阪府池田市大發町
（大發）
群馬縣太田市
速霸路町
（富士重工業）
廣島縣福山市鋼管町
（JFE Steel：
原「日本鋼管」）
東京都府中市
東芝町
（東芝）
愛知縣豐田市
（豐田汽車）
大阪府大東市三洋町
（三洋電機）

第3章 【趨勢】

最受矚目的石油、稀有金屬、水資源等重要的十四個關鍵字

◎從世界人口到地球暖化問題……世界將如此改變！

世界人口

二〇五〇年驚人的世界人口數

在經常談論少子化議題的日本可能很難有切身感覺，但目前全球總人口仍然持續增加中。二十世紀初期約有十六億人口，但到了迎接二十一世紀時已經突破約六十億人口，二〇〇九年達到將近六十八億人口了。

目前全世界擁有壓倒性人口數量的國家是中國和印度，兩國共計約有二十五億人，也就是全世界人口中每五個人就有兩人是這兩國的國民。中國爲了抑制戰後嬰兒潮過度增加，大約從三十年前就採取「一胎化政策」，因此印度的人口增加率是比較高的。

全球人口狀況在二〇五〇年將會有重大改變。**預測人口將會降至一億兩百萬人（一九七〇年的水準！）的日本**，對比之下全球人口會較現在多出超過二十億，**增加到九十二億人左右**。至於單一國家，以**十六億人口的印度拔得頭籌**，接下來才是大約十四億人口的中國，以及四億人口左右的美國。鄰近印度的巴基斯坦與孟加拉的人口也會大幅增加，其他例如奈及利亞、衣索比亞、剛果民主共和國等這些**非洲勢力的興起**也值得期待。

●糧食和能源會不足嗎？

用人口增減率來看，預測從二〇〇九年到二〇五〇年全世界人口將會增加三四%。特別引人注目的是非洲勢力，除了衣索比亞、剛果民主共和國，還有烏干達、坦尚尼亞都出現暴增的人口增加率。

這樣固然可以確保勞動力的優勢，但是人口遽增也會出現各種弊病。如果沒有整頓好人口發展所必須的基礎，就讓人口持續增加的話，將會產生各式各樣的社會問題。

看看地圖就會了解，人口增加率高的大多是開發中國家。接下來這些開發中國家將會邁向工業化，爲了達成經濟發展就得大量消費糧食與能源。全世界的消費量激增，但供給的速度卻可能遠遠不及。糧食和能源的匱乏經常是引發紛爭的火種。

另一方面，經濟上富足的已開發國家少子化的現象越來越明顯。這將使得已開發國家無法獲得充足的勞動力，必須仰賴來自外國的移民。

人口增加太快或過度減少對經濟都有不利的影響，最好能達到平衡，但這似乎不容易達到。

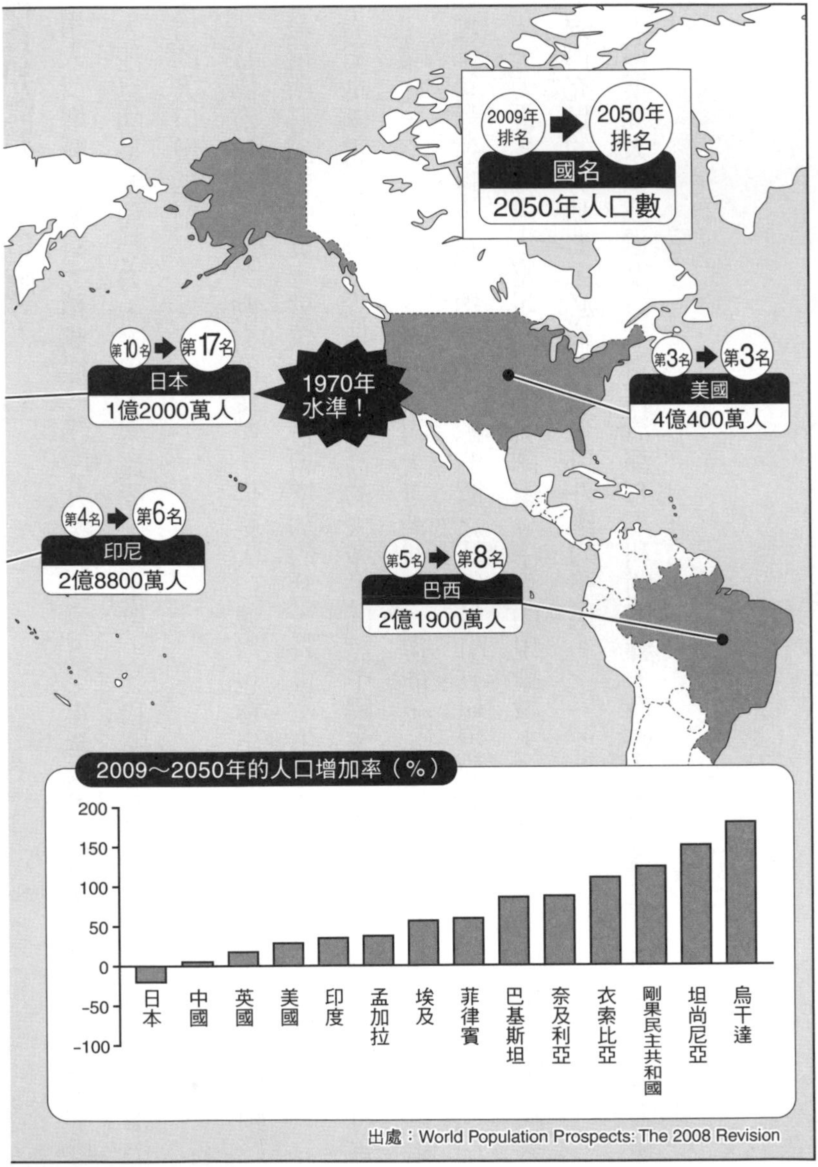

出處：World Population Prospects: The 2008 Revision

◆「2050年」的世界人口

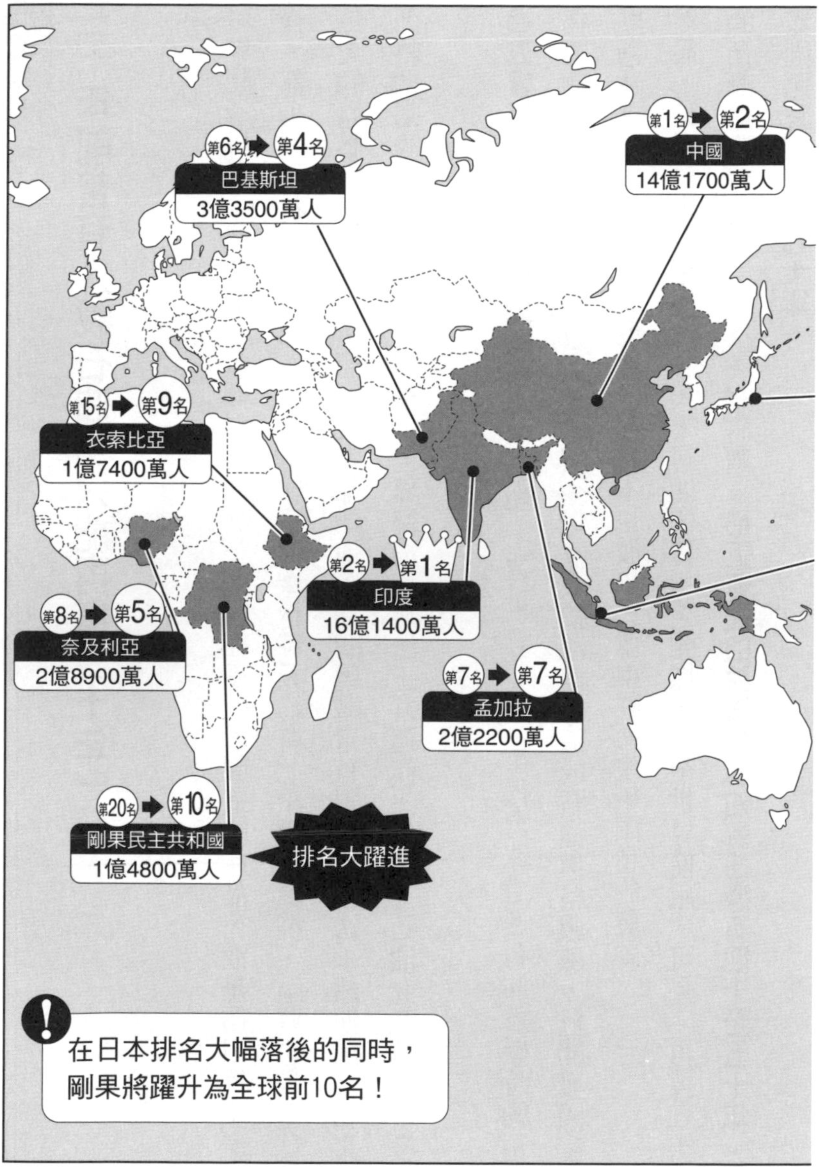

第1名➡第2名
中國
14億1700萬人
第6名➡第4名
巴基斯坦
3億3500萬人
第15名➡第9名
衣索比亞
1億7400萬人
第2名➡第1名
印度
16億1400萬人
第8名➡第5名
奈及利亞
2億8900萬人
第7名➡第7名
孟加拉
2億2200萬人
第20名➡第10名
剛果民主共和國
1億4800萬人
排名大躍進
在日本排名大幅落後的同時，
剛果將躍升為全球前10名！

石油的壽命

三十年前曾有人說石油「只能再撐三十年」

可曾想過目前全球經濟有多仰賴石油嗎？無論在工廠所製造的產品，或是農田裡生產的糧食，都少不了石油。二〇〇七年全球石油產量每天約有七千兩百萬桶，這些也是全球經濟每天的原動力之所在。然而，大家都知道石油的蘊藏量有限，沒辦法永續使用。如果石油即將枯竭的話，不但價格飆漲，世界經濟也無法正常運作。那麼，石油究竟還剩下多少呢？

過去曾有人說過大約只能再撐三十年。這是一九七〇年代全球遭遇石油危機時的預測。在石油危機發生時，中東產油國減產以及大幅漲價，造成石油價格飆漲，已開發國家都經歷過缺乏石油的危機與混亂。在日本也發生民眾搶購衛生紙囤積的騷動。

然而，經過三十多年後的今天，石油依舊每天開採，在全世界使用。可見「再撐三十年」的預測並沒有實現。根據專家研判，**最近普遍的說法是石油壽命還有四十至五十年，天然氣則還有五十至七十年**。

無法掌握精確的石油蘊藏量

爲什麼石油的壽命會從三十年前大幅往後延長呢？

事實上，要精確計算出石油蘊藏量本來就很困難。

石油蘊藏量是以「從某個時間點發現的油田，以該時間點的技術確實能開採的量」這個前提來計算。因此，若日後發現新的油田，或是開採技術進步的話，就能提升蘊藏量。

即使未必到世界的每個角落進行資源探測，但應該還是有尚未被發現的大油田。事實上，二〇〇九年在墨西哥灣發現的巨大油田就引起廣大的討論。即使沒有大油田，將未開發的中小型油田合併計算，應該仍有不少的蘊藏量。

此外，若能隨著技術進步，將提升來自油田的回收率，石油產量也可望再增加。有部分專家甚至指出，未來的開採技術將可望改善高達兩倍以上的效率。

由此可知，沒有人知道石油精確的蘊藏量。但如果壽命還有四十至五十年的說法正確，說不定到時候替代性能源已經普及使用，而能順利進入後石油時代了。

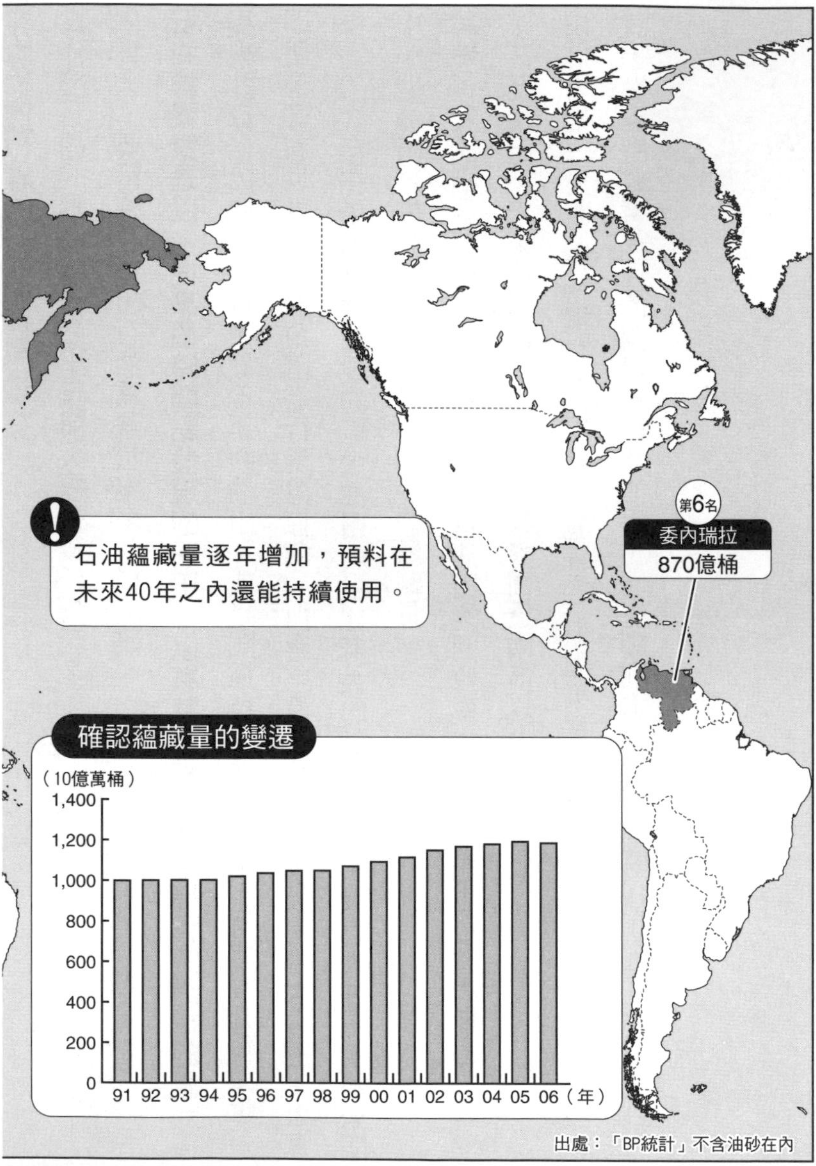
第6名
委內瑞拉
870億桶
石油蘊藏量逐年增加，預料在未來40年之內還能持續使用。
確認蘊藏量的變遷
（10億萬桶）
1,400
1,200
1,000
800
600
400
200
0
91 92 93 94 95 96 97 98 99 00 01 02 03 04 05 06（年）
出處：「BP統計」不含油砂在內

◆主要產油國的石油蘊藏量（2007年底）

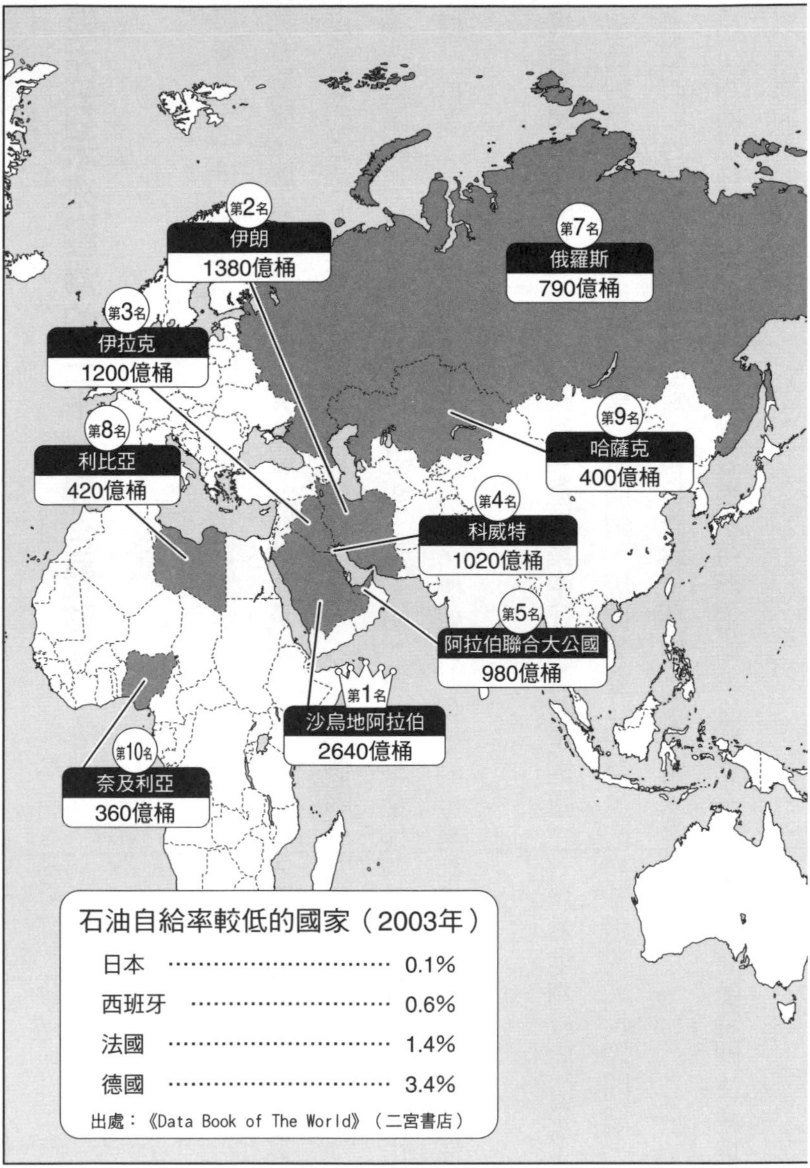
第1名
沙烏地阿拉伯
2640億桶
第2名
伊朗
1380億桶
第3名
伊拉克
1200億桶
第4名
科威特
1020億桶
第5名
阿拉伯聯合大公國
980億桶
第7名
俄羅斯
790億桶
第8名
利比亞
420億桶
第9名
哈薩克
400億桶
第10名
奈及利亞
360億桶

石油自給率較低的國家（2003年）

日本	0.1%
西班牙	0.6%
法國	1.4%
德國	3.4%

出處：《Data Book of The World》（二宮書店）

稀有金屬

能左右未來經濟的三十一種金屬資源

影響二十一世紀全球經濟的最新戰略物資，就是稀有金屬。

稀有金屬，顧名思義就是罕見金屬。雖然產量極少，卻是許多傳統及電子高科技產業所不可或缺的資源，能否穩定保有稀有金屬，將大大改變一個國家的經濟狀況。

哪些金屬歸類為稀有金屬呢？像是鎳、鈦、鉬、銦、銻等全部共三十一種，廣泛使用在手機、汽車、電子儀器等各個先進的領域，例如前面列舉的金屬都使用在手機的零組件上。

稀有金屬最大的特色之一，就是「產地集中在某些特定地區」。看看地圖就能清楚了解，極高的蘊藏比例都落在同一個特定國家，因此只要該國發生政局不穩或天災等問題，稀有金屬的取得就會變得非常困難，預料將對全球市場帶來重大影響。

為了預防這種狀況的發生，已開發國家持續儲備緊急狀態下的存量，並隨時關注產地動向以及流通量的變化。

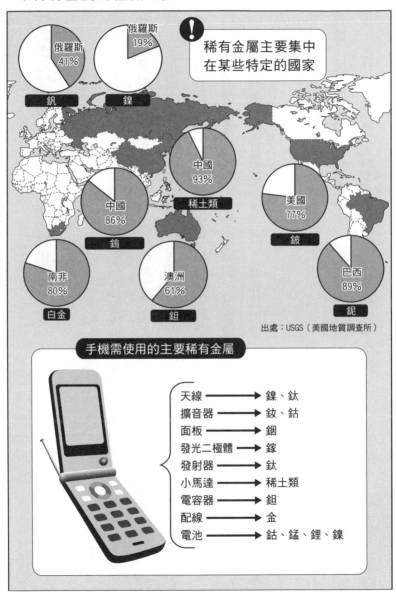

◆稀有金屬的蘊藏地區

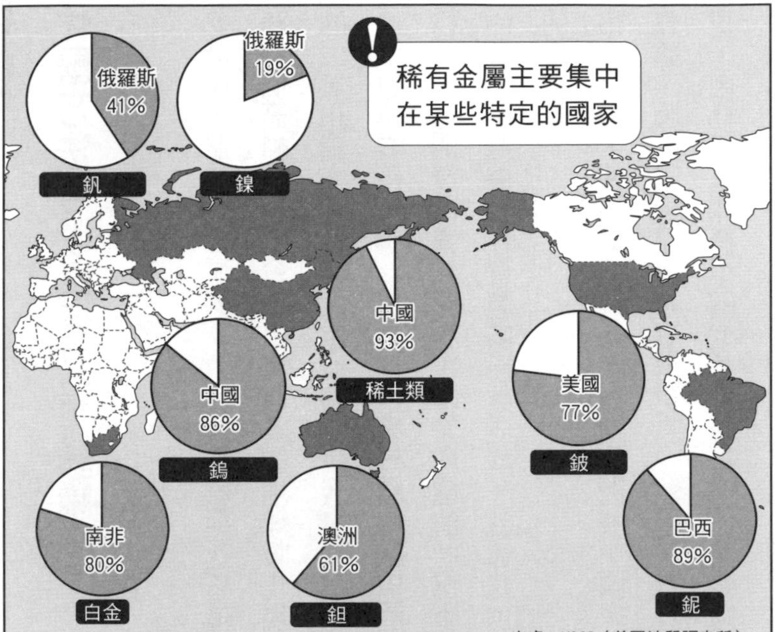
稀有金屬主要集中在某些特定的國家
俄羅斯 41%
釩
俄羅斯 19%
鎳
中國 93%
稀土類
中國 86%
鎢
美國 77%
鈹
南非 80%
白金
澳洲 61%
鉭
巴西 89%
鈮

出處：USGS（美國地質調查所）

手機需使用的主要稀有金屬

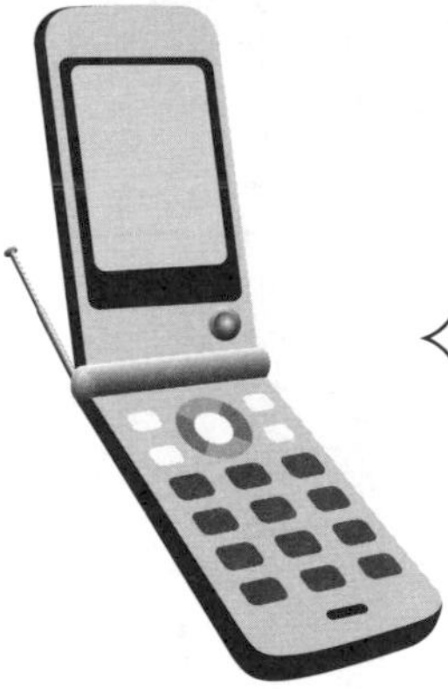

- 天線 → 鎳、鈦
- 擴音器 → 釹、鈷
- 面板 → 銦
- 發光二極體 → 鎵
- 發射器 → 鈦
- 小馬達 → 稀土類
- 電容器 → 鉭
- 配線 → 金
- 電池 → 鈷、錳、鋰、鎳

地球暖化

什麼方法可以環保又有錢賺？

要環保？還是要經濟成長？世界經濟都在爲這個史上前所未見的難題所困擾著。在各個高峰會中都會提出來討論的地球暖化現象，目前面對的課題就是如何降低造成暖化的二氧化碳產生溫室效應氣體的排放量。這是整個地球的問題，即使一小部分的國家努力減少也沒有用，應該要長期以來持續協議由國際社會共同來攜手解決這個問題。

然而，已開發國家和開發中國家所處的狀況不同，實在無法一概而論。已開發國家有完整的技術、設備，社會體系已然成型，就算花再多的金錢也很難達到大幅降低溫室效應氣體的排放量。

另一方面，使用舊式技術・設備的開發中國家，要獲得等量的能源就必須使用更多石油、煤礦，因此排放量自然變得更多。然而，降低溫室效應氣體排放量等於在經濟發展上踩煞車，因此這些開發中國家並不想接受已開發國家提出減少排放量的要求。面對經濟發展或環保的兩個選項，沒有幾個國家會毫不猶豫地選擇環保。

◆二氧化碳排放量較多的國家（2005年）

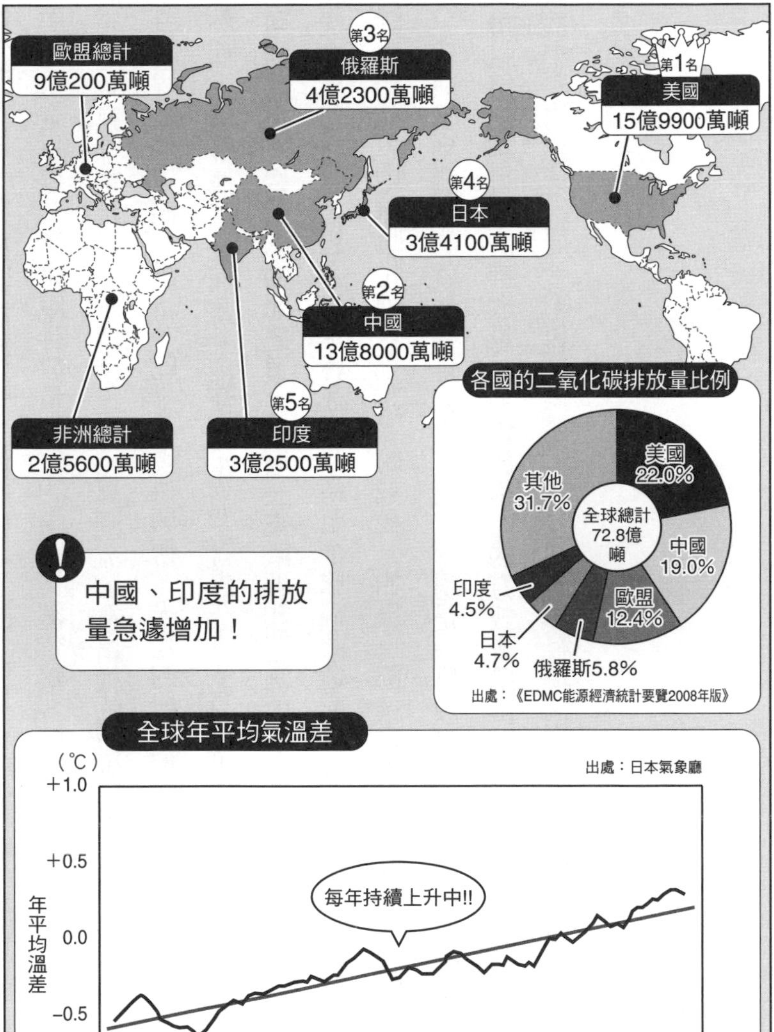
第3名
俄羅斯
4億2300萬噸
歐盟總計
9億200萬噸
第1名
美國
15億9900萬噸
第4名
日本
3億4100萬噸
第2名
中國
13億8000萬噸
第5名
印度
3億2500萬噸
非洲總計
2億5600萬噸
各國的二氧化碳排放量比例
美國
22.0%
中國
19.0%
歐盟
12.4%
俄羅斯5.8%
日本
4.7%
印度
4.5%
其他
31.7%
全球總計
72.8億
噸
出處：《EDMC能源經濟統計要覽2008年版》
中國、印度的排放量急遽增加！
全球年平均氣溫差
出處：日本氣象廳
(℃)
+1.0
+0.5
0.0
–0.5
–1.0
年平均溫差
每年持續上升中!!
1890
1900
1910
1920
1930
1940
1950
1960
1970
1980
1990
2000
2010(年)

●急速成長到十兆日圓規模的「排放權交易」市場

美國是全世界二氧化碳排放量第一的國家，卻背離各個已開發國家爲達成減量目標值所訂定的「京都議定書」，持續違反世界潮流。在這樣的拉鋸情況下，地球的平均氣溫不斷上升，異常的氣候、洪水、乾旱等現象頻傳，人類的居住環境越來越惡劣。

然而，就經濟狀況而言，地球暖化並不是完全沒有帶來任何「利益」。**北極冰山溶解，可能開拓一條新的西北航道**，這麼一來歐洲和亞洲的航線能縮短六千至八千公里。這個狀況未來若成眞，想必一定會在通路甚至全球經濟造成重大影響。

話雖如此，地球暖化依舊是人類的威脅。如果京都議定書不具效果，就得找出其他的方法。目前受到關注的就是「排放權交易」。這是指排放量減少到低於目標值的國家或企業，可以將超越目標的排放量以「排放權」的方式賣給其他國家或企業。目前已經形成以歐盟爲中心的全球市場，銷售規模達十兆日圓。預料這個市場未來將逐漸擴大。

◆地球暖化帶來的經濟利益

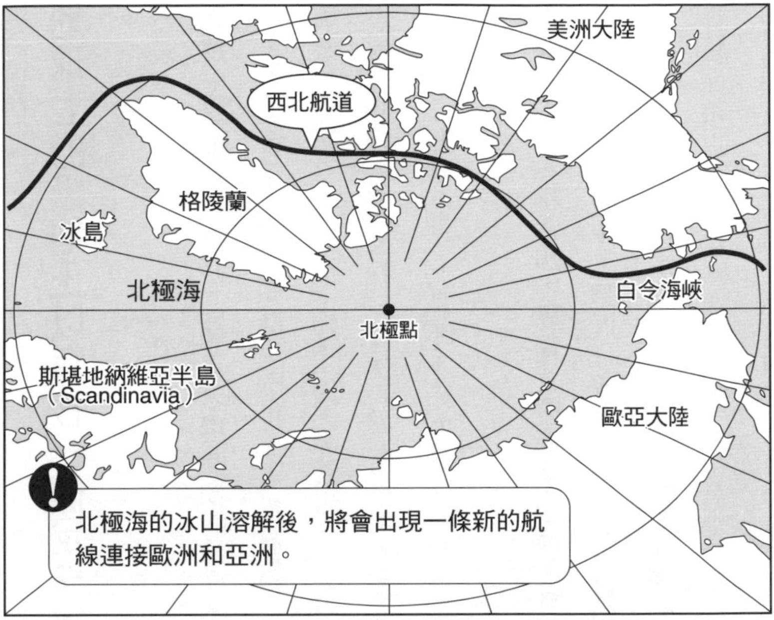
美洲大陸
西北航道
格陵蘭
冰島
北極海
白令海峽
北極點
斯堪地納維亞半島
（Scandinavia）
歐亞大陸
北極海的冰山溶解後，將會出現一條新的航線連接歐洲和亞洲。

◆排放權交易的架構

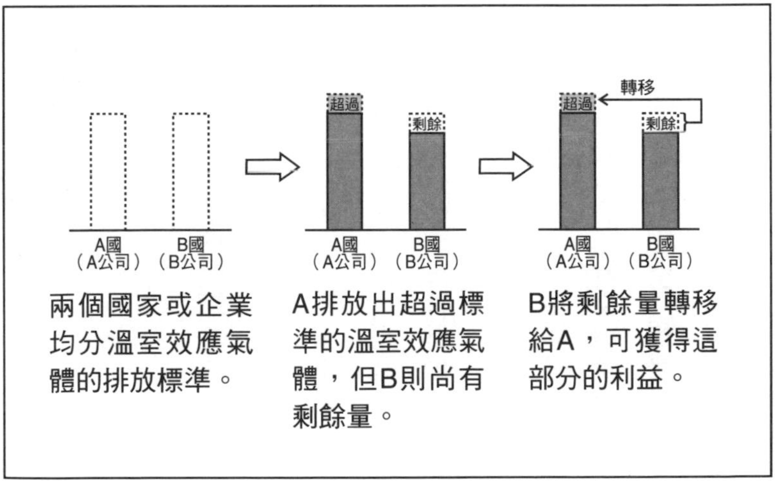
A國
（A公司）
B國
（B公司）
兩個國家或企業均分溫室效應氣體的排放標準。
超過
剩餘
A排放出超過標準的溫室效應氣體，但B則尚有剩餘量。
轉移
B將剩餘量轉移給A，可獲得這部分的利益。

世界的森林

地球上的綠地正以每秒一個足球場的速度消滅中

地球上綠地正以每秒一個足球場面積的速度不斷消滅中。聯合國環境規劃署執行長托佛（Klaus Toepfer）的這句話，令世人大為震驚。

大家都知道，森林可以讓土壤涵養水分，對水循環有貢獻，在環保上扮演重要的地位。從整個地球規模來看，森林的作用更加重要。如果少了森林，下大雨就會引起土石流或山洪暴發，相反的若長期不下雨的話，也可能造成乾旱。近來也有破壞森林是加速地球暖化的說法。

根據FAO（聯合國世界糧食暨農業組織）統計，從一九八〇到一九九五年的十五年之間，全球熱帶雨林減少了將近一成。特別明顯的是開發中國家森林數量的銳減，**雖然歐洲、亞洲的森林面積持續增加中，但是南美洲及非洲的開發中國家的森林面積卻大幅減少。**

森林面積以這麼快的速率減少，當然不是大自然現象所致。現實狀況就是以經濟發展為優先考量之下，過度砍伐森林了。

●巴西的經濟成長破壞亞馬遜

幾個持續砍伐森林的地區當中，最受到重視的就是亞馬遜。亞馬遜熱帶雨林不僅蘊含木材，還蘊藏金、鐵、錫、鑽石、鋁土等礦物資源。這些都成爲巴西的目標，進而破壞森林。

巴西政府自一九六〇年代便推動亞馬遜地區的開拓政策。這項政策的原動力就是起因於巴西與祕魯的邊界橫貫到大西洋，全長達五千五百公里的亞馬遜橫貫公路。在公路建設過程中砍伐了許多森林，等於直接開拓了熱帶雨林。此外，一九八〇年代引發的債務危機也有很大的影響。當危機浮上檯面時，世界銀行便對主要幹道的鋪設進行融資，並嘗試讓移入東北部都市的民眾進入亞馬遜各州進行開墾。一旦開墾之後，人們便砍伐熱帶雨林，或者放火燒地，大量種植農作物或建設大規模的牧場。

這些經濟活動的結果導致亞馬遜熱帶雨林大量損失，農地開發至今仍持續不斷，有人表示**未來幾十年之內亞馬遜熱帶雨林可能完全消失**。要獲得經濟成長，還是要以環保爲目標呢？森林雖然是可以再生的天然資源，但千萬不能忘記了，森林的再生得花上很長一段時間。

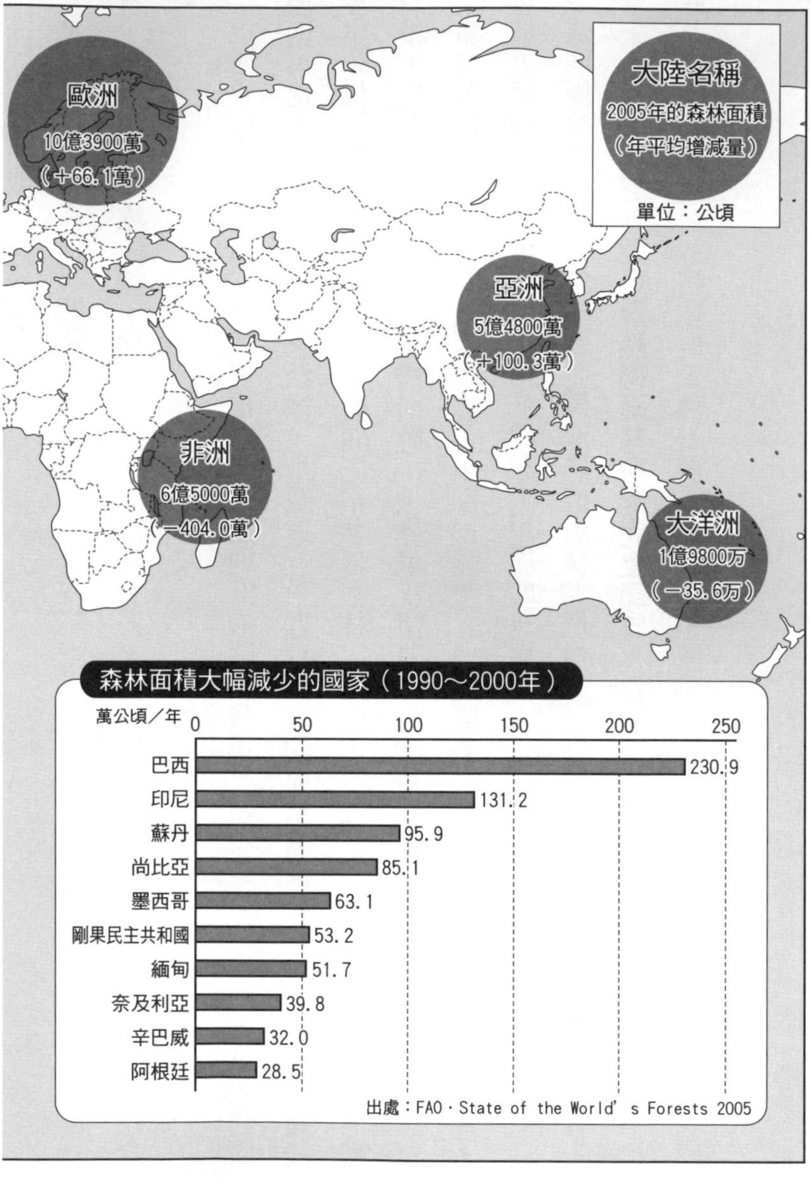
大陸名稱
2005年的森林面積
（年平均增減量）
單位：公頃
歐洲
10億3900萬
（＋66.1萬）
亞洲
5億4800萬
（＋100.3萬）
非洲
6億5000萬
（－404.0萬）
大洋洲
1億9800万
（－35.6万）
森林面積大幅減少的國家（1990～2000年）
萬公頃／年
0
50
100
150
200
250
巴西 230.9
印尼 131.2
蘇丹 95.9
尚比亞 85.1
墨西哥 63.1
剛果民主共和國 53.2
緬甸 51.7
奈及利亞 39.8
辛巴威 32.0
阿根廷 28.5
出處：FAO・State of the World' s Forests 2005

◆世界的森林面積和年平均增減量

世界的森林面積每年出現變化，南美的亞馬遜地區
至今已經消失了相當於日本國土1.6倍面積的森林
北美洲・中美洲
5億4900萬
（－33.3萬）
南美洲
8億8600萬
（－425.1萬）
貫穿巴西的亞馬遜橫貫公路
委內瑞拉
蓋亞那
蘇利南
法屬蓋亞那
哥倫比亞
巴西
祕魯
玻利維亞
這條道路就是
開拓森林的原動力！
道路
亞馬遜橫貫公路
森林地區

《用地圖解讀的世界情勢　第2部》約翰・克里斯多夫・維特等著

聖嬰現象

「看天吃飯」的經濟效應

二〇〇九年夏季，日本梅雨期特別長，導致日照不足，據說這類天候不佳是因爲「聖嬰現象」所引起。

聖嬰現象是南美洲祕魯沿海的太平洋赤道海域的海水溫度異常升高現象。當偏西風轉弱時，因爲暖流流進較冷的海域而引起。特徵是通常持續長達半年到一年以上的時間。另一方面，相同海域的海水溫度若低於年平均時，就稱爲「反聖嬰現象」。這種狀況會造成以赤道附近爲中心的全球氣候異常。

聖嬰現象與反聖嬰現象會對全球經濟造成各種影響。氣候變化導致農作物收穫量減少，引起價格變動。二〇〇六年夏天到隔年春天發生的聖嬰現象，使得澳洲乾旱，這也是造成全球穀物價格上漲的主要原因。對於GDP（國內生產毛額）一半以上的收入仰賴出口農產品的開發中國家造成的損失相當嚴重。此外，在日本等國受到冷夏的影響，夏季商戰及休閒觀光產業也陷入不景氣。或許「聖嬰」眞正的身分應該是「惡魔之子」才對。

◆產生聖嬰現象‧反聖嬰現象的海域

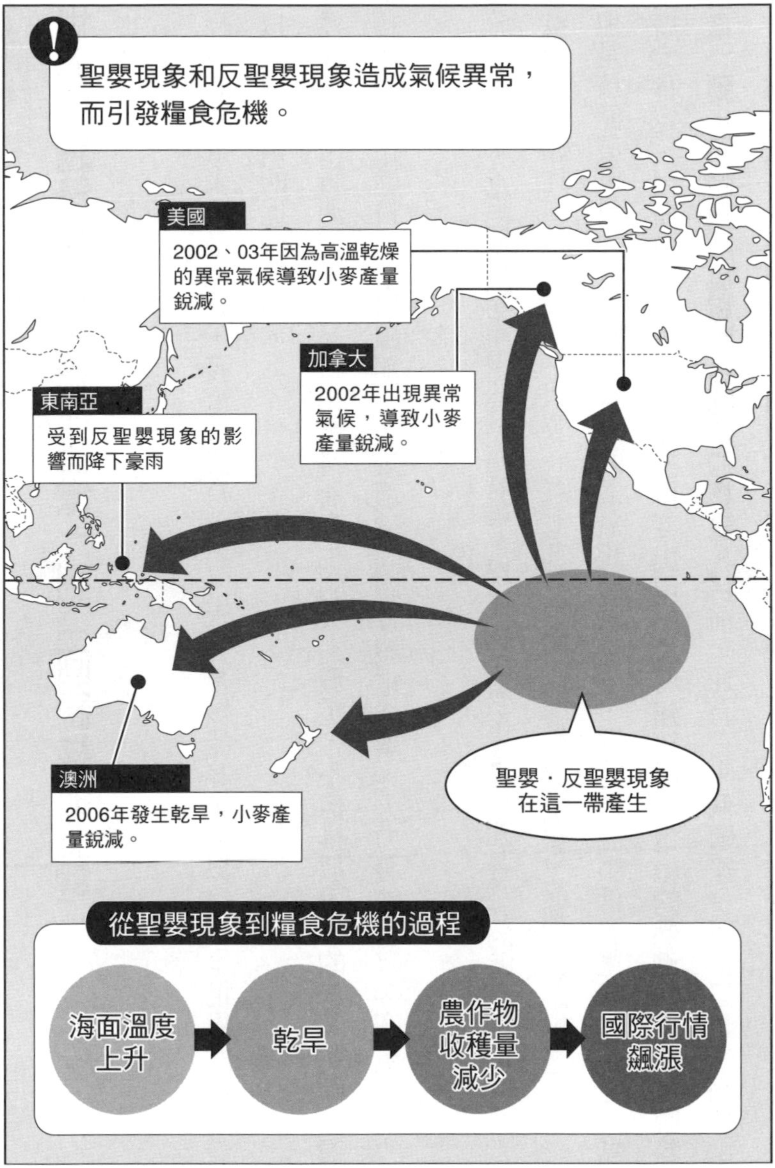
聖嬰現象和反聖嬰現象造成氣候異常，
而引發糧食危機。
美國
2002、03年因為高溫乾燥的異常氣候導致小麥產量銳減。
加拿大
2002年出現異常氣候，導致小麥產量銳減。
東南亞
受到反聖嬰現象的影響而降下豪雨
澳洲
2006年發生乾旱，小麥產量銳減。
聖嬰‧反聖嬰現象
在這一帶產生
從聖嬰現象到糧食危機的過程
海面溫度上升
乾旱
農作物收穫量減少
國際行情飆漲

核能發電

世界的趨勢從「反核能發電」到「回歸核能發電」

經濟的能量來源是電力，發電方式有火力、水力及核能等，但以目前全世界的情況看來，以火力發電的比例較高。

然而，利用石油或煤炭等石化燃料而產生的火力發電，不但排放大量的二氧化碳，還得不時擔心石化燃料的價格飆漲。考量環境問題及發電成本，火力發電也有「高風險」的一面。

於是，近來各國把焦點集中在核能發電。以往核能發電常伴隨著意外的隱憂，一九八六年舊蘇聯的車諾比核電廠災變，以及一九七九年美國三哩島核電廠事故都造成影響。

但是核能發電很大的優點是產生的二氧化碳量很少，同時還能壓低發電成本。這一點受到廣大肯定，因而這幾年歐洲和亞洲再度出現一股興建核能發電廠的熱潮。從**「擺脫核能發電」到「回歸核能發電」風向球的轉變**。目前全球有三十個國家、四百三十二座核電廠正在運轉，依序是美國的一〇四座、法國五十九座、日本五十三座等。

●眞正的核能發電大國是法國

從核能發電廠的數量來看，似乎美國是全球最大的核能發電國，但從**對核能的依賴程度來看，卻可以看出意想不到的事實。法國以大約八〇%遠遠超過其他國家，成為第一名**。事實上，法國擁有從七〇年代後期就致力於核能發電的歷史。

法國從一九五〇到七〇年代建設了許多所水力發電廠，但即使用盡心力，能使用水力發電的地方畢竟有限。到了一九七三年，石油危機爆發，石油價格飆漲造成重大打擊，在這種情況下，法國政府決定轉換電力來源。由於法國境內有鈾礦礦山，從此將發電方向轉往推動核能發電。

法國推動核能發電的政策至今仍延續著。此外，各界高聲疾呼重視環境問題，也成爲推動核能發電的助力。法國將核能產生的電力出口到德國、英國、義大利、瑞士等鄰近國家，在幾個核能大國之中地位確實很高。

「回歸核能發電」的潮流，成爲支撐一國經濟的形式而逐漸生成。

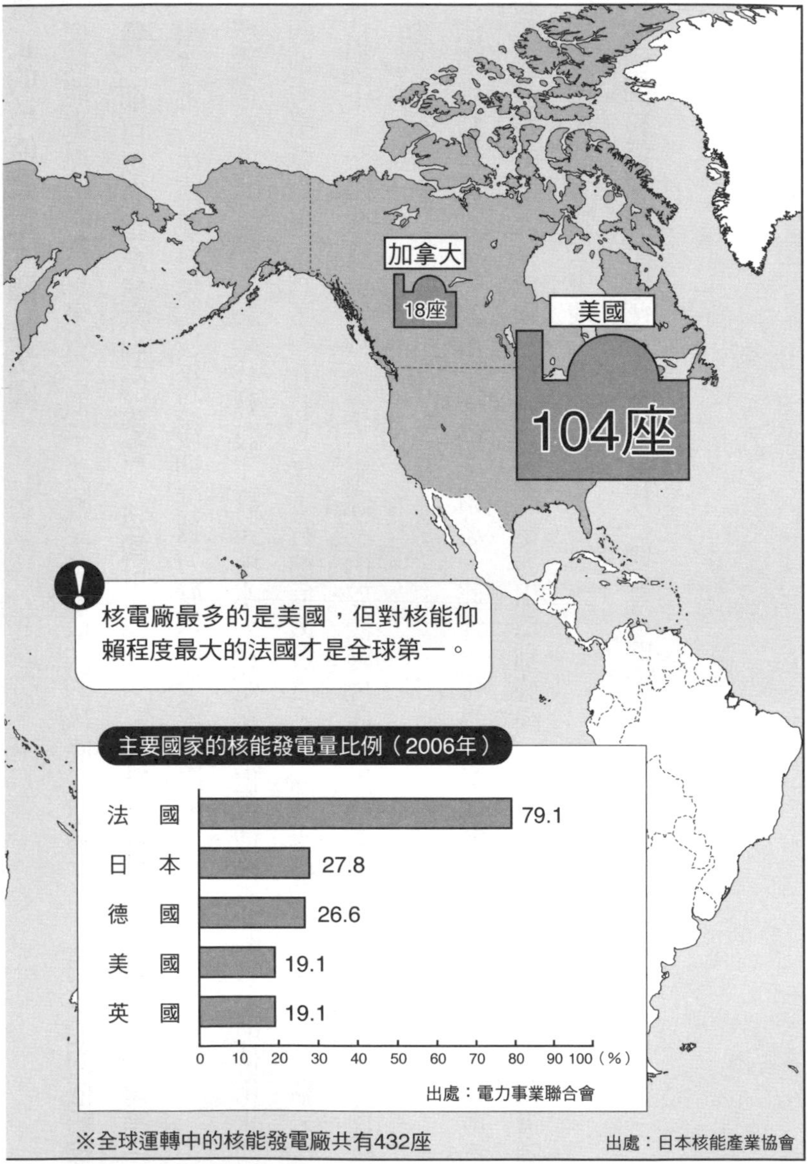

加拿大
18座
美國
104座
核電廠最多的是美國，但對核能仰賴程度最大的法國才是全球第一。
主要國家的核能發電量比例（2006年）
法國 79.1
日本 27.8
德國 26.6
美國 19.1
英國 19.1
0 10 20 30 40 50 60 70 80 90 100（%）
出處：電力事業聯合會
※全球運轉中的核能發電廠共有432座
出處：日本核能產業協會

◆核能發電廠分布狀況

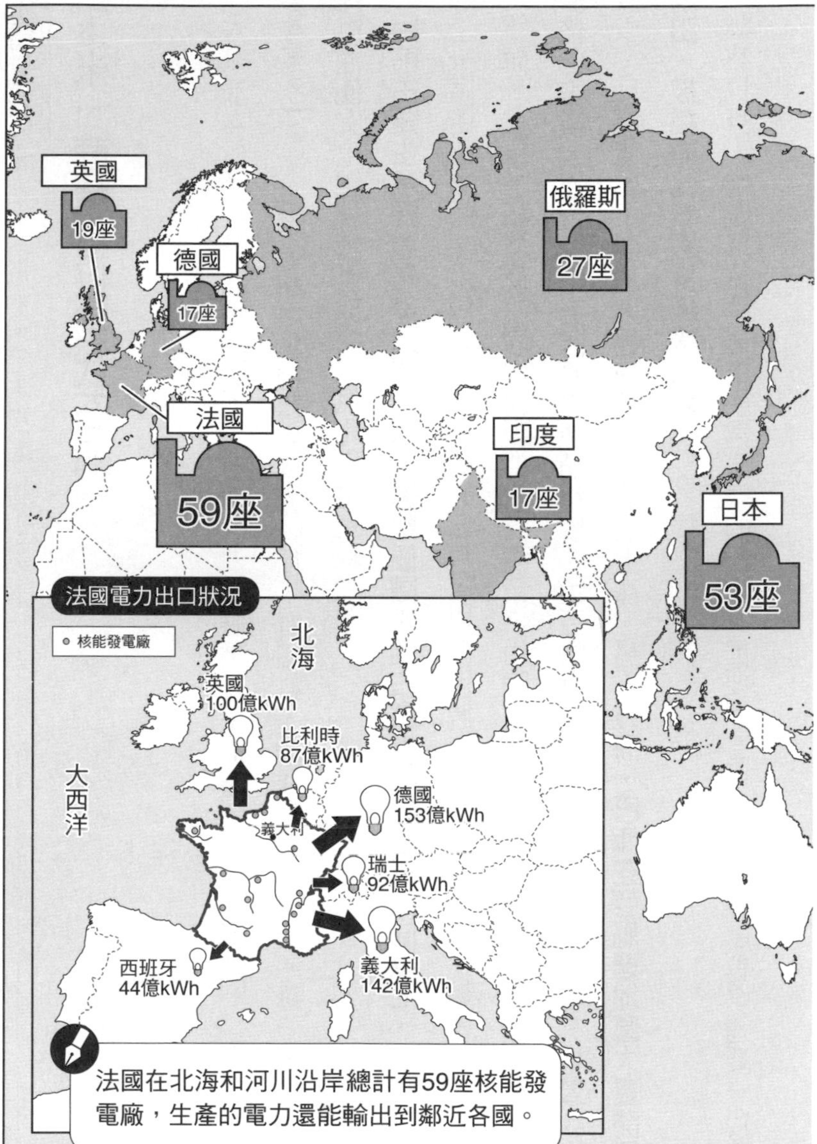
英國
19座
德國
17座
法國
59座
俄羅斯
27座
印度
17座
日本
53座
法國電力出口狀況
核能發電廠
北海
大西洋
英國
100億kWh
比利時
87億kWh
德國
153億kWh
瑞士
92億kWh
義大利
142億kWh
西班牙
44億kWh
巴黎
法國在北海和河川沿岸總計有59座核能發電廠，生產的電力還能輸出到鄰近各國。

生質燃料

玉米、蔗糖可以取代石油

大家都在找代替石油的能源，而最有力的選項就是從植物發酵製成的「生質酒精（bioethanol）」。這是利用生物體能量的一種生質燃料，混在汽油中使用。每一公斤的價格比汽油便宜，燃燒時排放的二氧化碳量也較少。

目前主要生產國家是美國和巴西，這兩個國家就占全世界生產量八成以上。美國以中西部玉米區所盛產的玉米做爲生質酒精的原料，巴西則使用東南部盛產的蔗糖。

然而，在玉米和蔗糖轉向做爲製造生質酒精之用時，也會產生負面影響。這些農作物的價格上漲後，連帶使得美國原先種植小麥、大豆的農家轉而種植玉米，造成其他穀物產量減少，反而使得小麥和大豆的價格也隨之上漲。另一方面，**巴西在亞馬遜地區大量開闢甘蔗田，被指為此舉嚴重破壞環境**。

雖然也有人推廣以雜草、木屑爲原料的作法，但要到普遍實用的程度似乎還要一段時間。

◆生質酒精原料出產地區

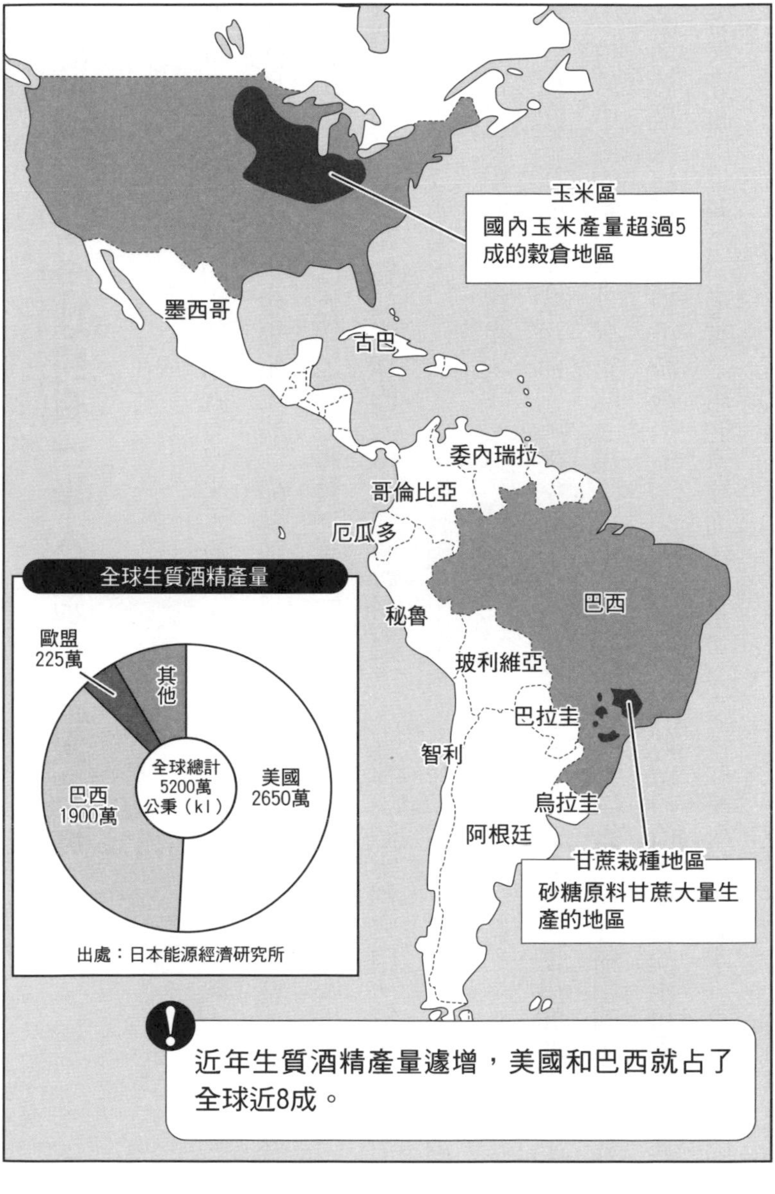
玉米區
國內玉米產量超過5成的穀倉地區
墨西哥
古巴
委內瑞拉
哥倫比亞
厄瓜多
巴西
秘魯
玻利維亞
巴拉圭
智利
烏拉圭
阿根廷
甘蔗栽種地區
砂糖原料甘蔗大量生產的地區
全球生質酒精產量
歐盟
225萬
其他
巴西
1900萬
全球總計
5200萬
公秉（kl）
美國
2650萬
出處：日本能源經濟研究所

近年生質酒精產量遽增，美國和巴西就占了全球近8成。

水資源

二〇二五年，全球將有一半人口陷入缺水危機

在日本，只要一打開水龍頭就有自來水流出，但現今全世界正面臨著「缺水」問題。不僅是飲用水，工業用水也很重要的。與其他天然資源不同的是，水並沒有替代品。現在有一種說法是到了**二〇二五年世界上將有一半人口會陷入缺水危機**，這個問題十分嚴重。問題的根本在於相對於增加的人口而言水資源過少。地球上的水體之中，河川、湖泊等人類能使用的淡水僅占〇．〇一％，況且因爲工業化使得需求提高，廢棄物污染越來越嚴重，使得可利用的水變得更少。

對於原先存在的缺水狀況而言，農藥的污染，以及灌溉農業的普及都使得問題更雪上加霜。位於中亞的鹹海是世界第四大湖，但目前相較於一九六〇年代已經縮小到僅剩四分之一。由於流入這裡的河川上游被引流用來栽培棉花，因此使得流入鹹海的水量劇減。非洲的查德湖也因爲建設了灌溉之用的水壩而使得水量減少，面積剩下不到十分之一。中國的黃河上游到中游因爲農耕之用大量取水的結果，從七〇年代起就發生中途乾涸無法入海

的現象。造成作物收成量大幅減少，流域沙漠化也越來越嚴重。

歐美進展到自來水事業民營化的趨勢

缺水是一個非常嚴重的問題，從世界各地因爲水的使用權而引起的國際紛爭就不難了解。中東的約旦河，流經約旦、敘利亞，還有以色列、巴勒斯坦自治區，爲此**水權引發的紛爭從未停歇，也是阻礙中東邁向和平最大的原因**。世界最長的尼羅河也有類似的狀況。尼羅河流域遍及十一個國家之多，埃及和蘇丹這兩個國家在二十世紀中葉之前已經引起多次衝突，未來也可能爲了爭奪用水而引發國際紛爭。

在這種狀況下，由法國和德國三大企業爲首的水企業（Water Barons），正朝世界各地伸出觸角。日本長久以來由地方政府經營自來水事業，但歐美各國受到法規寬鬆的影響，很早就有民營企業介入自來水事業。目前海水淡化事業持續進展中，供應用水的生意大規模發展，全球已經有幾億人口仰賴民營企業供應用水。

水企業在發展中或新興國家牽涉到基礎工程建設，雖說只要供水能完善整備即可，但對於付不出費用而無法享受服務的貧窮階級而言，將因此受到生命威脅，這一點也使民營企業介入自來水事業出現反對的聲浪。

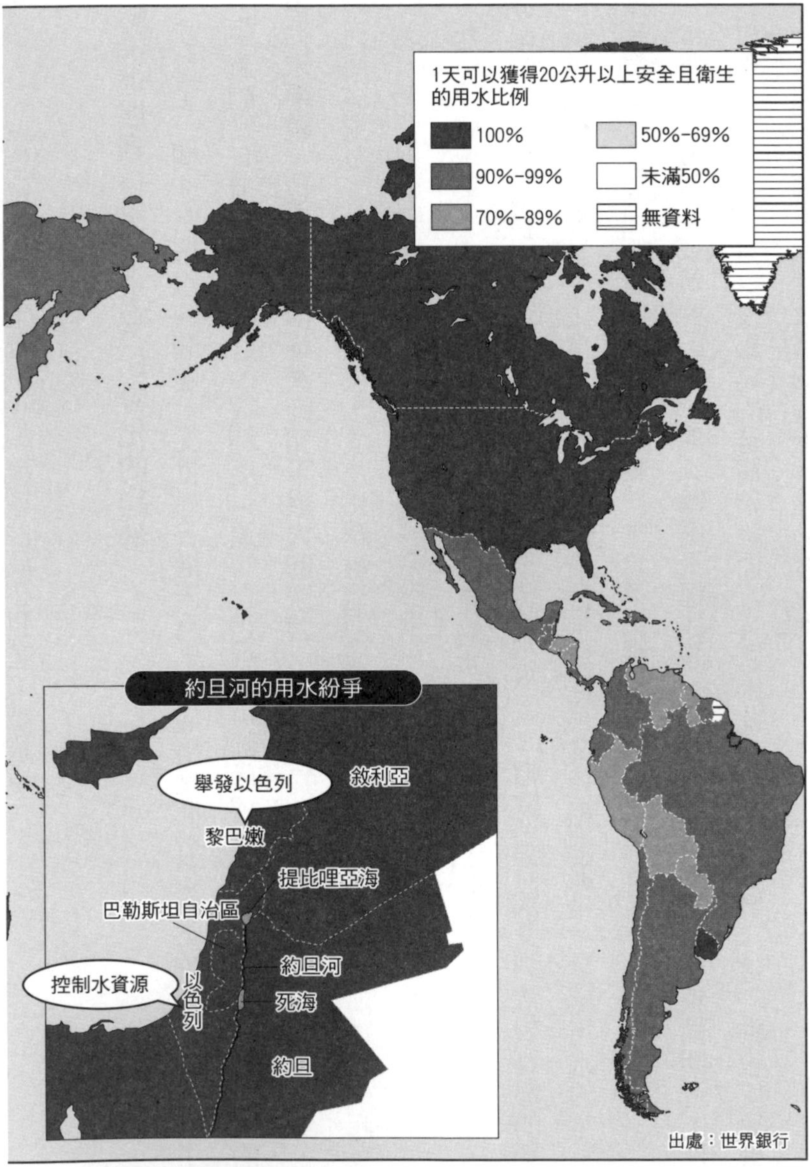
1天可以獲得20公升以上安全且衛生的用水比例
100%
90%-99%
70%-89%
50%-69%
未滿50%
無資料
約旦河的用水紛爭
敘利亞
舉發以色列
黎巴嫩
提比哩亞海
巴勒斯坦自治區
約旦河
控制水資源
以色列
死海
約旦
出處：世界銀行

◆連結水資源的狀況（2004年）

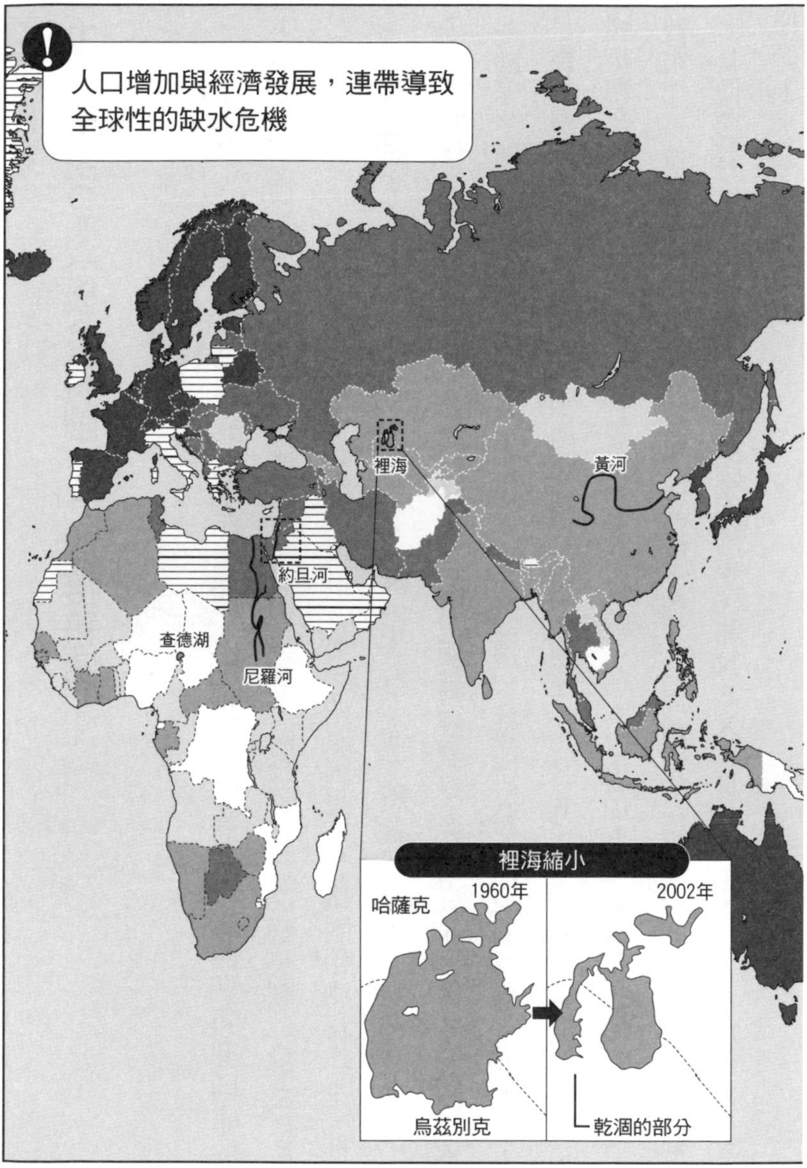
人口增加與經濟發展，連帶導致全球性的缺水危機
裡海
黃河
約旦河
查德湖
尼羅河
裡海縮小
哈薩克
1960年
2002年
烏茲別克
乾涸的部分

VISTA

「Post BRICs（後金磚國）」的接班國

「BRICs」指的是經濟成長顯著的巴西、俄羅斯、印度及中國四個新興國家的字首，最後加上複數形「s」。這個字第一次出現在美國投資銀行高盛集團（Goldman Sachs）二○○三年的報告，立刻受到廣大矚目。另一個原因也是該集團預測在二十一世紀前半這四個國家會出現大幅成長，GDP（國內生產毛額）將會在全球名列前茅。

然而，時代變遷迅速，目前**各界討論的焦點已經轉移到Post BRICs（後金磚國）**會是哪些國家？熟知新興國家的BRICs（金磚四國）經濟研究所提出的是VISTA，這也是幾個國家的字首排列，分別指越南、印尼、南非、土耳其、阿根廷這五個國家。這幾個國家和金磚四國一樣，都擁有豐富的天然資源，在人口增加下可望擁有充足的勞動力及消費市場，並滿足積極引進外資建設基礎工程、政局穩定、中產階級興起等幾個發展條件。其他還有這些也被視為後金磚國的國家，如NEXT11、VTICs、TIPs等等，他們未來動向備受關注。

◆繼金磚四國之後的強力新興國家「VISTA」

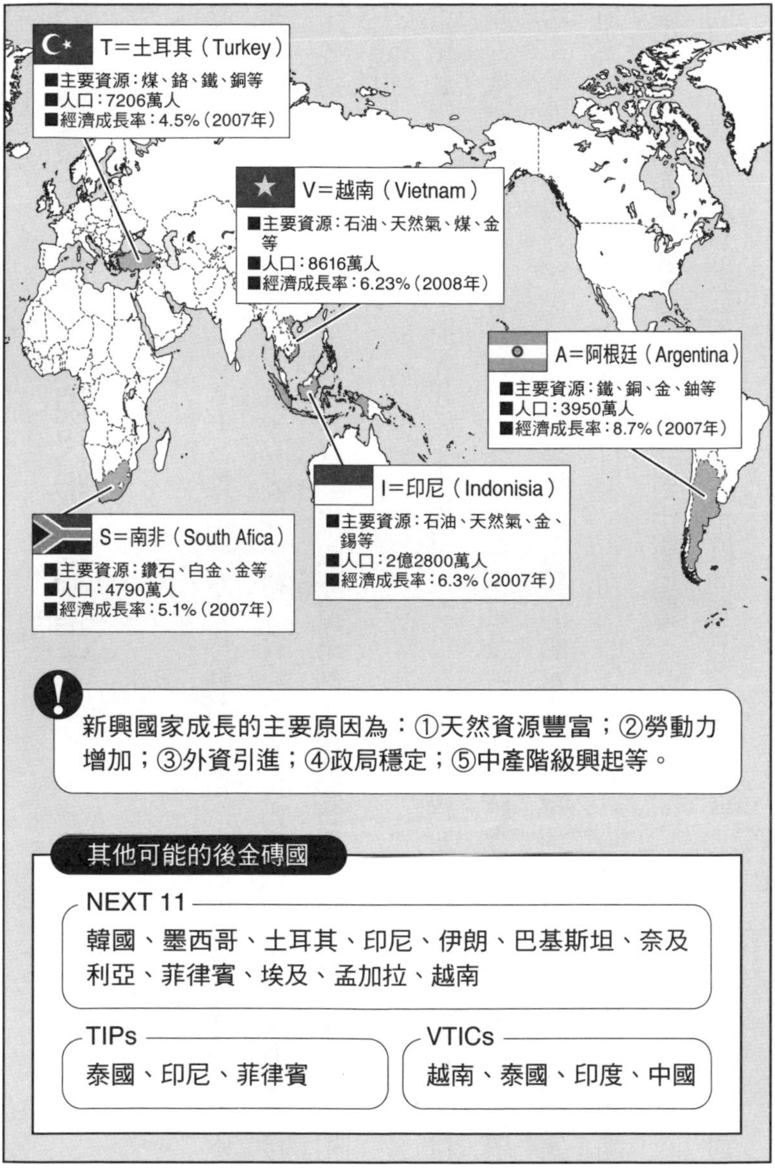
T＝土耳其（Turkey）
■主要資源：煤、鉻、鐵、銅等
■人口：7206萬人
■經濟成長率：4.5%（2007年）
V＝越南（Vietnam）
■主要資源：石油、天然氣、煤、金等
■人口：8616萬人
■經濟成長率：6.23%（2008年）
A＝阿根廷（Argentina）
■主要資源：鐵、銅、金、鈾等
■人口：3950萬人
■經濟成長率：8.7%（2007年）
I＝印尼（Indonisia）
■主要資源：石油、天然氣、金、錫等
■人口：2億2800萬人
■經濟成長率：6.3%（2007年）
S＝南非（South Afica）
■主要資源：鑽石、白金、金等
■人口：4790萬人
■經濟成長率：5.1%（2007年）

! 新興國家成長的主要原因為：①天然資源豐富；②勞動力增加；③外資引進；④政局穩定；⑤中產階級興起等。

其他可能的後金磚國

NEXT 11

韓國、墨西哥、土耳其、印尼、伊朗、巴基斯坦、奈及利亞、菲律賓、埃及、孟加拉、越南

TIPs

泰國、印尼、菲律賓

VTICs

越南、泰國、印度、中國

亞洲高速公路

亞洲經濟大變革！「現代版的絲路」

聯合國亞太經合會（ESCAP）提出仿效古代絲路的構想，打造一條連接亞、歐兩洲道路的亞洲高速公路的計畫。雖說是高速公路，實際上並不是打造新的幹道，而是連接各國主要道路，補上不足的部分，建構一條國際道路網。**總長度約十四萬公里**，是規模相當巨大的道路網。

這個計畫的歷史悠久，原先起始是做為第二次世界大戰後復原事業的一項。當初的目的是想促進剛獨立的亞洲各國經濟發展，但在越戰及阿富汗內戰等嚴峻的情勢下，計畫遭到擱置。然而，冷戰瓦解後又再次被提及，參與的國家也陸續增加，目前有三十二個國家表明加入。連原先只提供資金援助的日本，也在二〇〇四年決定正式參與。**一號線的起點始於東京，經由北京、曼谷、新德里，到伊斯坦堡**。

完成之後預估將有助於促進各國、各地區的貿易及地方發展，亞洲經濟整合將可再邁進一大步。然而，改善未建設的區段以及出入境管理等課題仍有待解決。

◆亞洲高速公路的路徑

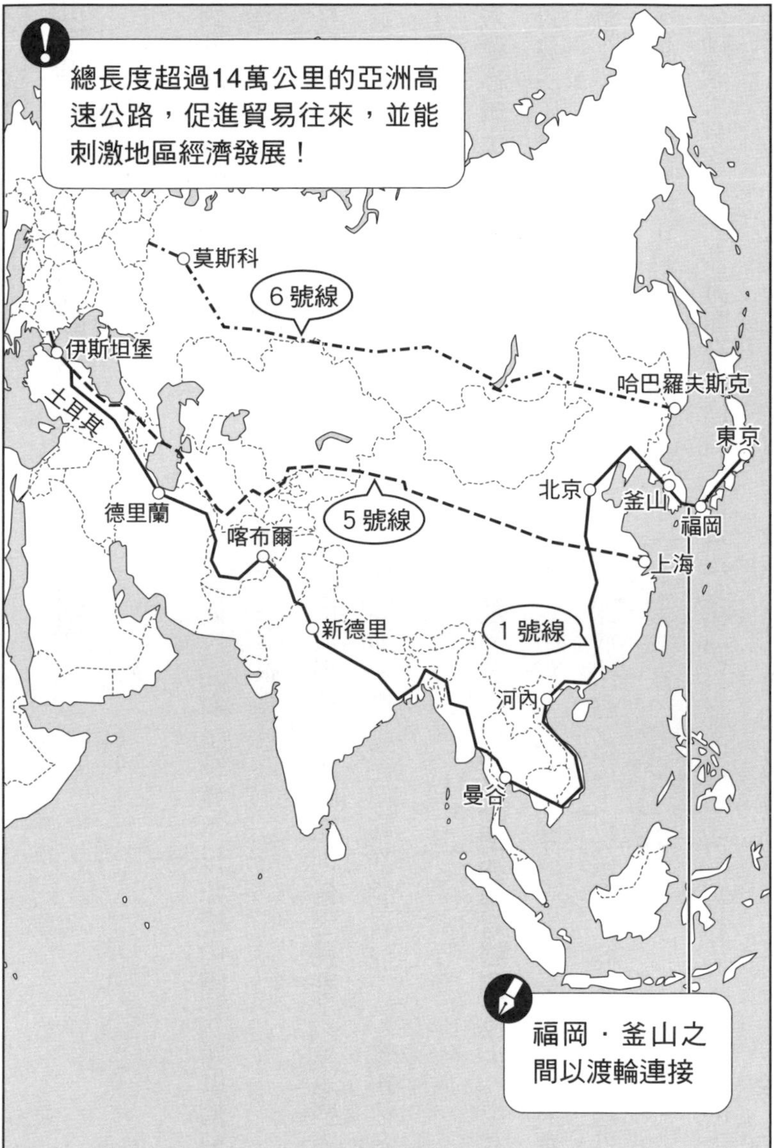
總長度超過14萬公里的亞洲高速公路，促進貿易往來，並能刺激地區經濟發展！
莫斯科
6 號線
伊斯坦堡
土耳其
哈巴羅夫斯克
東京
北京
釜山
福岡
德里蘭
5 號線
喀布爾
上海
新德里
1 號線
河內
曼谷
福岡・釜山之間以渡輪連接

華僑・印僑

四海之內都有中國人和印度人之謎

到外國旅行時，動不動就看到中國或印度餐館，光看這裡就可以知道中國和印度的海外移民有多少，而且無論到哪裡他們都能適應當地而做起買賣。

移居海外的中國人與其後代稱之爲華僑，若已取得移居國國籍則稱之爲華人。這些人除了遍及亞洲之外，也遍布歐美、非洲、大西洋等地，無論在哪裡都能居住，數量預估多達三千萬甚至五千萬人。

大量移民出現在十九世紀後半，移民者多數是為了取代歐美殖民地奴隸的勞工。十九世紀末農民自發性到海外工作的情況也增加。直到中華人民共和國成立之後這波移民浪潮才逐漸平息，但自一九七〇年代後期轉向改革・開放路線之後，以留學、商務或者到國外工作等目的而出國的年輕族群持續出現。

從地圖可見華僑大多分布在東南亞，並以出身中國南部的廣東省、福建省、海南省的人占大多數。七〇年代之後更拓展到俄羅斯、東歐、非洲等地，移動的路徑也變得更複雜。

◆遍布全球的中國人

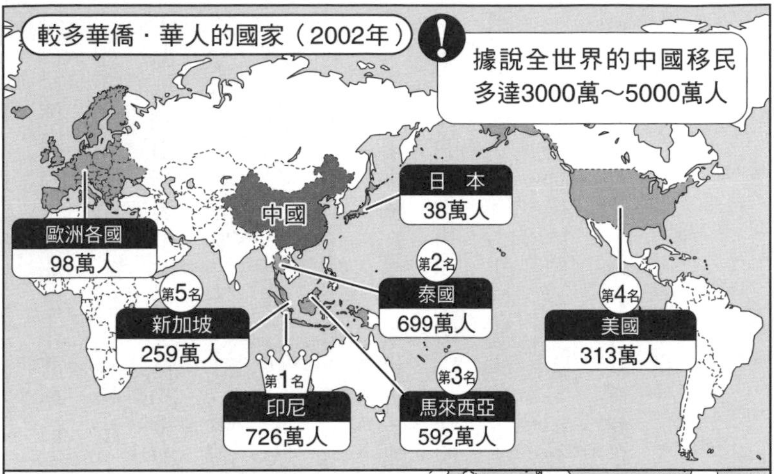

較多華僑・華人的國家（2002年）
據說全世界的中國移民
多達3000萬～5000萬人
中國
日本
38萬人
歐洲各國
98萬人
第2名
泰國
699萬人
第5名
新加坡
259萬人
第4名
美國
313萬人
第1名
印尼
726萬人
第3名
馬來西亞
592萬人

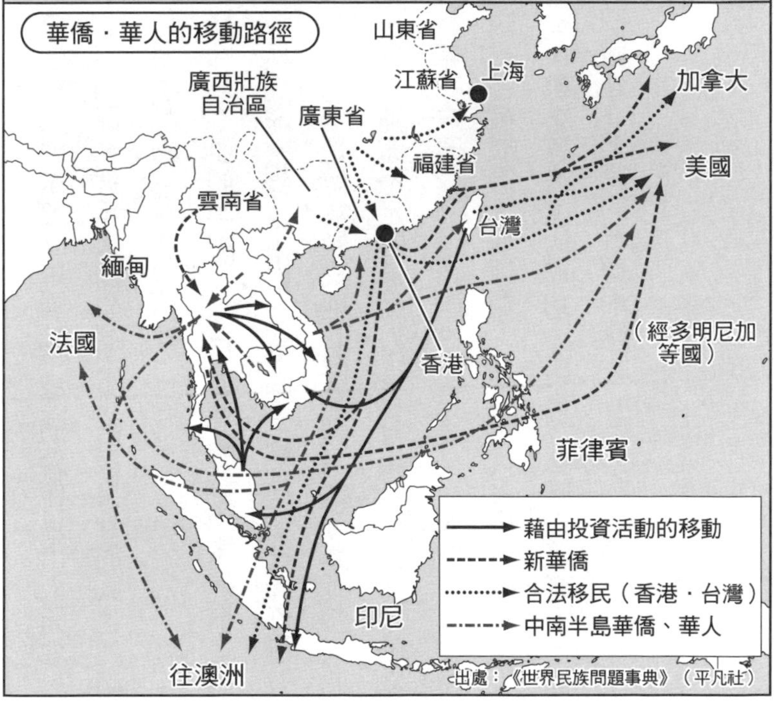

華僑・華人的移動路徑
山東省
江蘇省
上海
廣西壯族
自治區
廣東省
福建省
加拿大
美國
雲南省
台灣
緬甸
法國
（經多明尼加
等國）
香港
菲律賓
印尼
往澳洲
藉由投資活動的移動
新華僑
合法移民（香港・台灣）
中南半島華僑、華人
出處：《世界民族問題事典》（平凡社）

●吸引外資，貢獻母國經濟發展

一般對華僑的印象都是非常團結，會在移民國家建立中國城，互助合作以出人頭地。前一代和在移民國出生的後代在想法上並不相同，近年來高學歷中產階級出身的人也逐漸增加，但華僑扮演吸引海外投資的重要作用，無論今昔未曾改變。

另一方面，印度人在海外活躍的程度也不亞於中國人。移居外國的印度人稱之爲印僑，據說目前有接近兩千五百萬人。移民國家從東南亞到美國、歐洲、非洲等遍及一百一十個國家左右。和華僑一樣，印僑最初也是做爲殖民地的勞動力，從一九五〇到七〇年代，英、美兩國在第二次世界大戰後爲了補充不足的勞動力，大量接受移民。印僑之後往中東工作的人數也逐漸增加，狀況持續至今。

印僑中最受注目的就是號稱支持美國矽谷發展的工程師們。九〇年代之後，有許多工程師、律師、醫師等移民至美國及加拿大，帶來經濟上的成功。印僑在美國培養實力，回到母國創業，並且與分散在全球各地的同胞建立緊密的聯繫網絡。

◆遍布全球的印度人

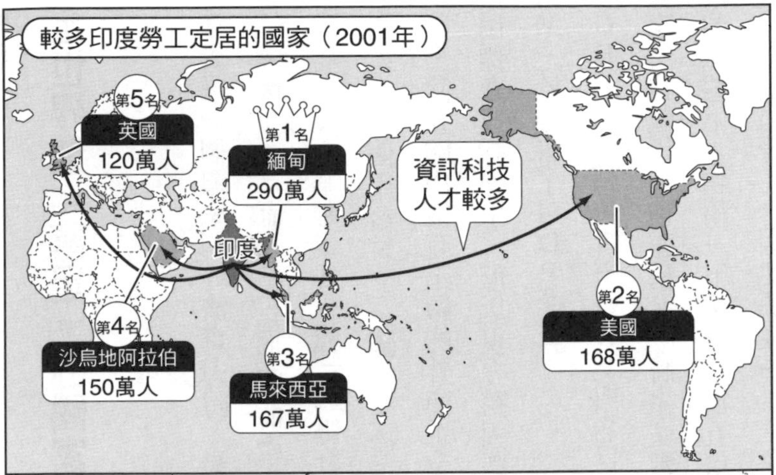
較多印度勞工定居的國家（2001年）
第5名
英國
120萬人
第1名
緬甸
290萬人
資訊科技人才較多
印度
第2名
美國
168萬人
第4名
沙烏地阿拉伯
150萬人
第3名
馬來西亞
167萬人

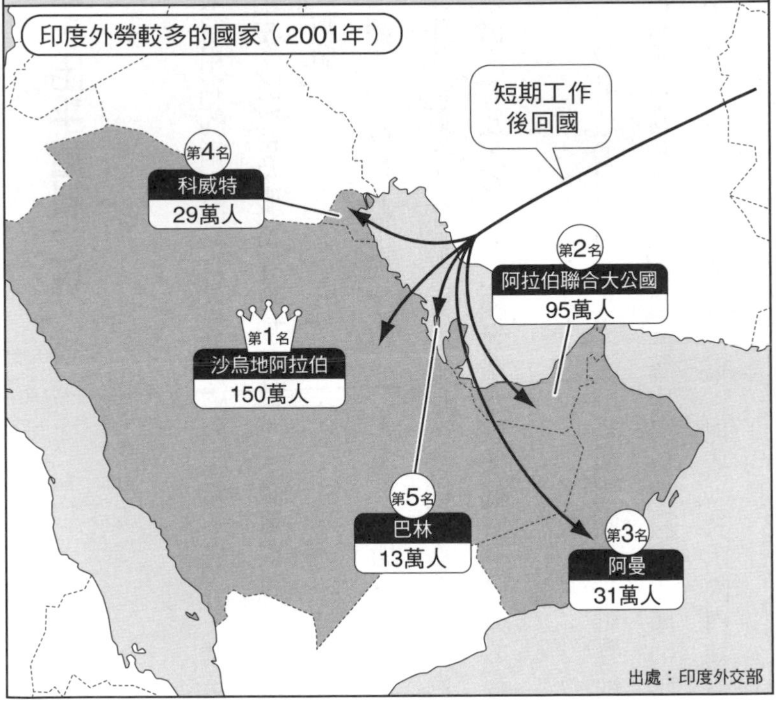
印度外勞較多的國家（2001年）
短期工作後回國
第4名
科威特
29萬人
第2名
阿拉伯聯合大公國
95萬人
第1名
沙烏地阿拉伯
150萬人
第5名
巴林
13萬人
第3名
阿曼
31萬人

出處：印度外交部

GDP

全世界最「富足」的國家，出乎意料之外

在表達一個國家的經濟實力時，最常用到的指標就是GDP（國內生產毛額），就是計算「國內生產活動在一定期間能產生多少財富及服務等附加價值」。簡單來說，就是「該國居民及企業賺了多少錢」的總計數值。

過去大多使用GNP（國民生產毛額）。GNP是指「國民」生產活動所產生的價值。雖去除在國內擁有工廠的外商企業生產活動，但旅居外國的國民所得則包含在內。過去這個標準或許適用，但以現今跨國經濟之普及，GNP已經無法正確掌握一個國家的經濟水準，於是有了GDP產生。

GDP有兩種，實質GDP與名目GDP。名目GDP是去除因物價變動產生影響前的數字，也就是「速報值」。將生產數量乘以當時的市場價格計算出來，假設在生產活動相同的狀態下，物價一下子飆漲爲五倍，名目GDP也會變成五倍，但並不表示國內經濟水準也上升這麼多。因此要從名目GDP扣除物價上漲的部分，才能計算出實質GDP。

●全國GDP和個人GDP的差異

看到二〇〇七年全世界的GDP，世界第一的經濟大國想當然就是以近十三兆八千億美元的全國GDP傲視全世界的美國。日本則以約四兆三千八百億美元位居第二，帶動歐盟經濟的德國則以三兆三千億美元左右名列第三。

然而，這些都是國家整體的數值，和國民個人的GDP呈現完全不同的結果。**全世界第一名是約十萬美元的盧森堡**，美國則退居到第十二名，日本也掉到第二十三名。差距更大的是中國，全國整體雖爲全球第四名，但國民個人只有約兩千五百美元，慘跌至第一〇八名。

國民個人的GDP在經濟效率良好時就會上升。盧森堡等國家人口少，又以金融業爲主，能創造高收益，數值隨之提升。由此可知，即使國家整體GDP高，也未必代表國內每個人都很富有。

話說回來，富庶程度原本就很難以「數值」來表示。然而，根據使用平均壽命、就學率、GDP等計算出的UNDP（聯合國開發計畫署）二〇〇九年版的「富庶」指數，全世界最「富足」的國家是挪威，日本名列第十，美國則是第十三名。看來經濟上的富裕和眞正的富足並沒有直接關連。

◆國民個人的GDP較高的國家（2007年）

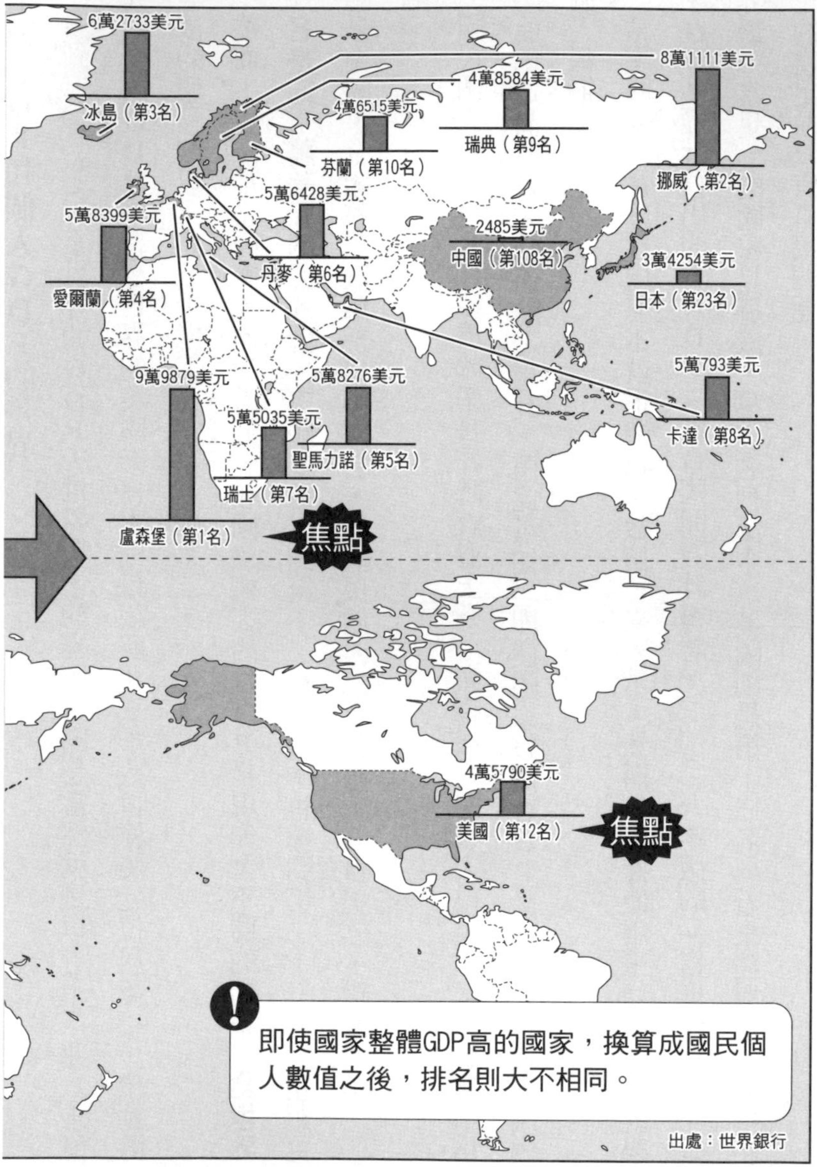
6萬2733美元
冰島（第3名）
8萬1111美元
挪威（第2名）
4萬8584美元
瑞典（第9名）
4萬6515美元
芬蘭（第10名）
5萬6428美元
丹麥（第6名）
5萬8399美元
愛爾蘭（第4名）
2485美元
中國（第108名）
3萬4254美元
日本（第23名）
5萬793美元
卡達（第8名）
9萬9879美元
盧森堡（第1名）
5萬8276美元
聖馬力諾（第5名）
5萬5035美元
瑞士（第7名）
焦點
4萬5790美元
美國（第12名）
焦點
即使國家整體GDP高的國家，換算成國民個人數值之後，排名則大不相同。
出處：世界銀行

◆GDP較高的國家（2007年）

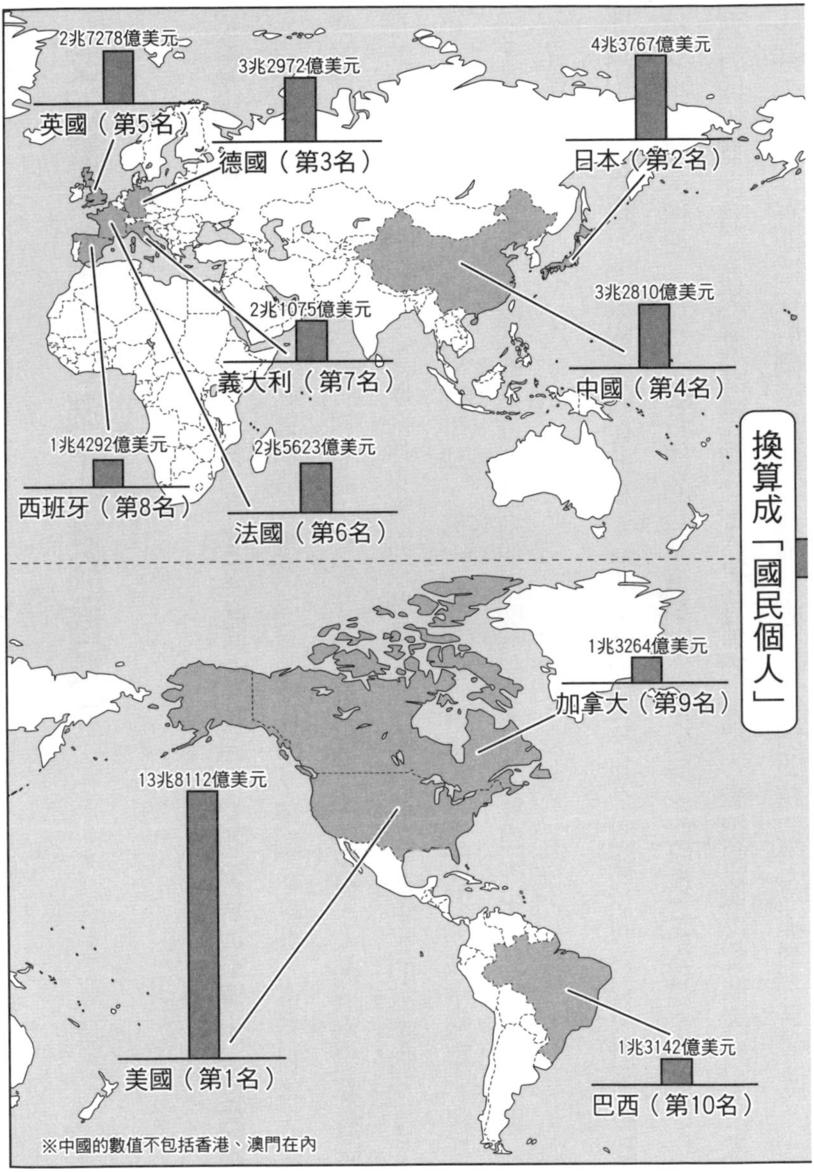
2兆7278億美元
英國（第5名）
3兆2972億美元
德國（第3名）
4兆3767億美元
日本（第2名）
2兆1075億美元
義大利（第7名）
3兆2810億美元
中國（第4名）
1兆4292億美元
西班牙（第8名）
2兆5623億美元
法國（第6名）
換算成「國民個人」
1兆3264億美元
加拿大（第9名）
13兆8112億美元
美國（第1名）
1兆3142億美元
巴西（第10名）
※中國的數值不包括香港、澳門在內

南北問題

「文明繁榮於平均氣溫十一度的區域」

根據美國地理學家杭廷頓（Samuel P. Huntington）表示，文明繁榮於氣溫十一度的區域。若直接將這裡所說的文明一詞代換成「經濟」會怎麼樣呢？美國、歐洲，還有日本，這些經濟發展蓬勃的國家，都位於平均氣溫十一度左右的溫帶地區。的確，太熱或過冷都會降低人類的勞動意願和活動力，氣候條件果眞對一個國家的經濟發展有此重大的影響嗎？

經濟上富庶的國家多半位於北半球，另一方面，經濟上相對貧困的開發中國家，包括非洲等大多在南半球。從這樣的地理關係造成已開發國家和開發中國家之間的經濟落差，稱之爲「南北問題」。

開發中國家獲得已開發國家的援助和IMF（國際貨幣基金組織）的融資，但就像圖中所示，別說無法償還，甚至不斷負債的「重債窮國（Heavily Indebted Poor Countries）」大約還有四十個左右。債台高築讓國民陷入更貧窮的境地，恐怕將使得整個國家無法重振，因此，國際社會開始採取刪減債務等救濟措施，但這個問題似乎沒那麼容易解決。

◆已開發國家與貧窮國家的分布

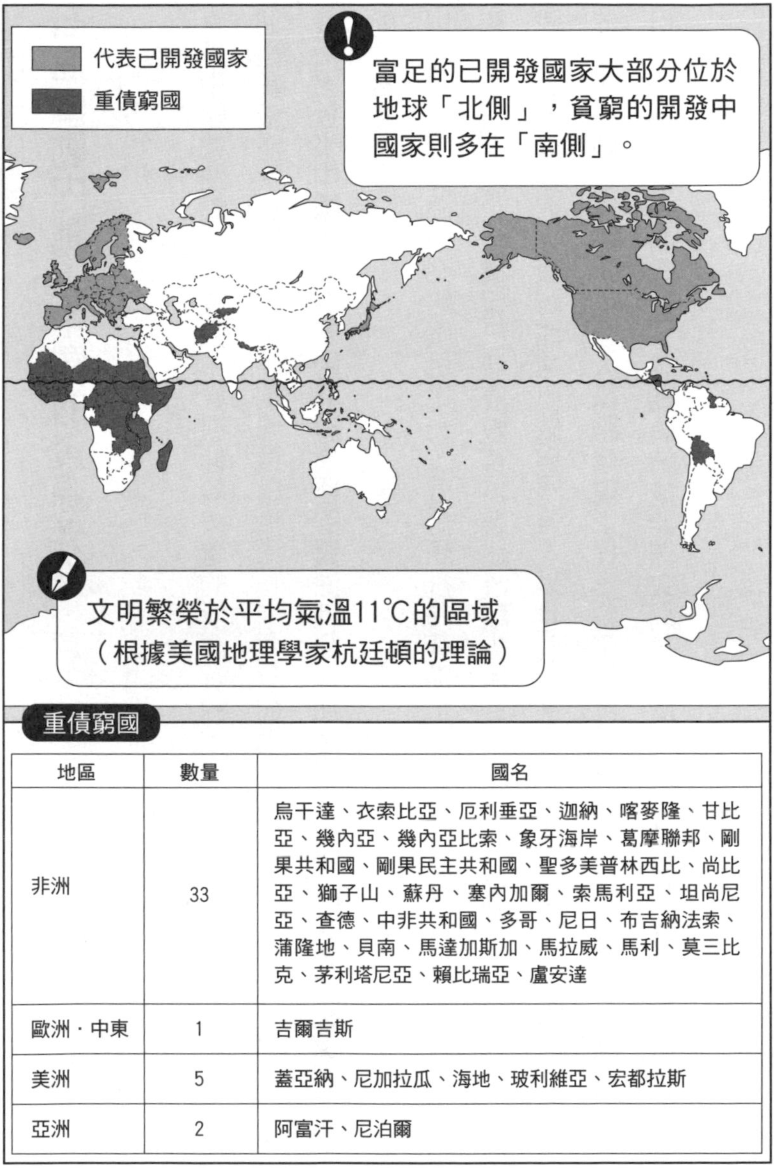
代表已開發國家
重債窮國
富足的已開發國家大部分位於地球「北側」，貧窮的開發中國家則多在「南側」。
文明繁榮於平均氣溫11℃的區域
（根據美國地理學家杭廷頓的理論）

重債窮國

地區	數量	國名
非洲	33	烏干達、衣索比亞、厄利垂亞、迦納、喀麥隆、甘比亞、幾內亞、幾內亞比索、象牙海岸、葛摩聯邦、剛果共和國、剛果民主共和國、聖多美普林西比、尚比亞、獅子山、蘇丹、塞內加爾、索馬利亞、坦尚尼亞、查德、中非共和國、多哥、尼日、布吉納法索、蒲隆地、貝南、馬達加斯加、馬拉威、馬利、莫三比克、茅利塔尼亞、賴比瑞亞、盧安達
歐洲・中東	1	吉爾吉斯
美洲	5	蓋亞納、尼加拉瓜、海地、玻利維亞、宏都拉斯
亞洲	2	阿富汗、尼泊爾

◎經濟糾紛地圖5

石油牽動內戰！中國的資源外交

支撐中國快速的經濟成長，必須仰賴大量的能源資源，尤其是石油。二〇〇七年中國的石油消耗量僅次於美國，位居全球第二，光靠國產石油根本無法支應。

於是，近來**中國和非洲各國展開積極的資源外交**。加深與資源寶庫的非洲各國關係，希望能獲得優先進口。

中國對非洲資源外交的案例之一，就是蘇丹的基礎工程建設。蘇丹自二〇〇三年國內的民族紛爭日漸惡化，據報已造成數百萬難民流離失所。中國主動向蘇丹承包道路及管線等基礎建設，以換取大量石油進口做爲回報。另有傳聞蘇丹內戰使用進口自中國的武器。

此外，中國在安哥拉也介入鐵路修復工程，希望以此獲得礦物資源。對於中國這種作法，引來一部分批判的聲浪，認爲將造成非洲政局・經濟不穩，甚至延遲非洲民主化的腳步。

◆進口中國的石油流向

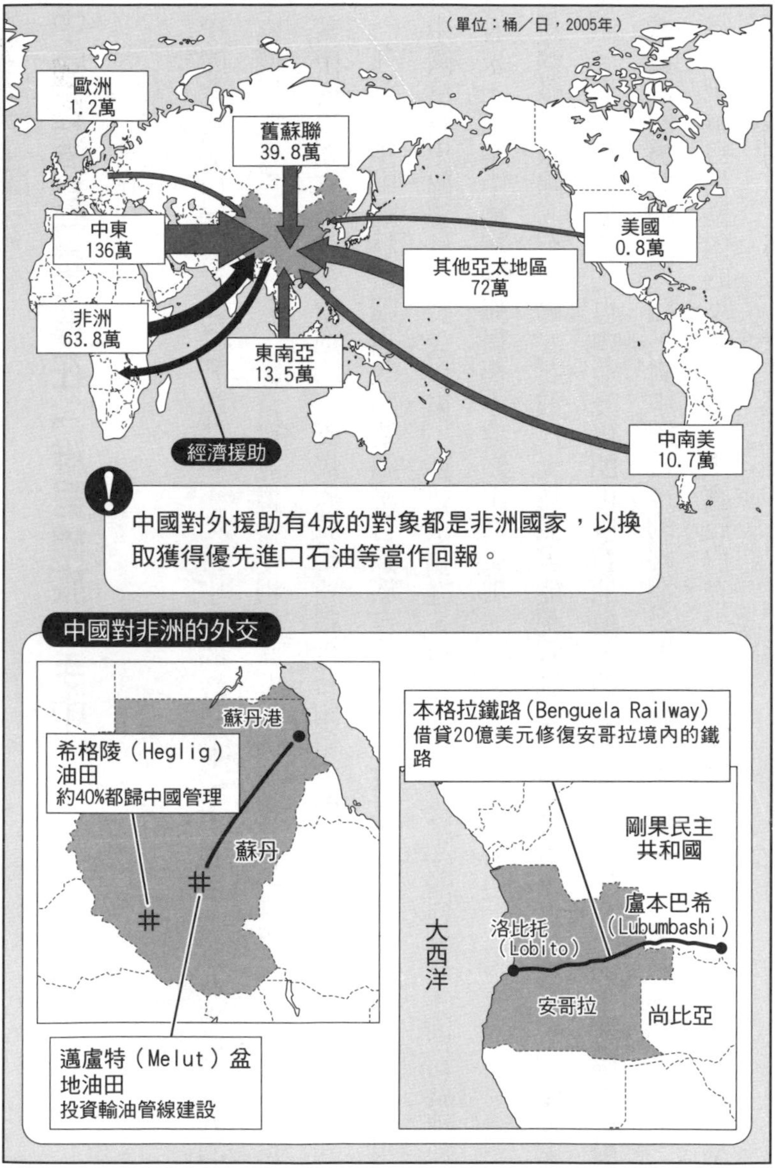
（單位：桶／日，2005年）
歐洲
1.2萬
舊蘇聯
39.8萬
中東
136萬
美國
0.8萬
其他亞太地區
72萬
非洲
63.8萬
東南亞
13.5萬
中南美
10.7萬
經濟援助
中國對外援助有4成的對象都是非洲國家，以換取獲得優先進口石油等當作回報。
中國對非洲的外交
蘇丹港
希格陵（Heglig）
油田
約40%都歸中國管理
蘇丹
邁盧特（Melut）盆
地油田
投資輸油管線建設
本格拉鐵路(Benguela Railway)
借貸20億美元修復安哥拉境內的鐵
路
剛果民主
共和國
盧本巴希
(Lubumbashi)
洛比托
(Lobito)
大西洋
安哥拉
尚比亞

◎經濟糾紛地圖6

中國經濟其實掌握在「維吾爾族」手中

中國全國人口超過九成都是漢族，把持中國的政治與經濟中樞。因此漢族以外的五十六個民族皆爲少數民族，經常可見權益受損的狀況，因此也有民族主張從中國獨立出來。其中從事獨立運動最激進的一支民族就是新疆維吾爾自治區的維吾爾族人。

一九五五年中國將新疆省改爲新疆維吾爾族自治區，但文化、宗教的差異使得他們很難與中國培養出歸屬感，長久以來不斷要求獨立。但是中國堅決不認同獨立，因爲就地理位置看來，這是中國無論如何都不會鬆手的土地。

新疆維吾爾除了有煤礦、石油、天然氣等能源資源外，還蘊藏豐富的鐵礦、銅礦等礦物資源，而且還能做爲來自中亞及伊朗供應石油與天然氣的通道。換句話說，**新疆維吾爾是一處資源和貿易的出入口**，對中國日後的經濟發展可說是不能或缺的重要土地。

爲了削減自治區內的反抗勢力，中國政府在一九九〇年推動漢族移居此區，然而這個舉動反而升高對立，導致衝突更爲激烈。

◆新疆維吾爾自治區是資源和貿易的出入口

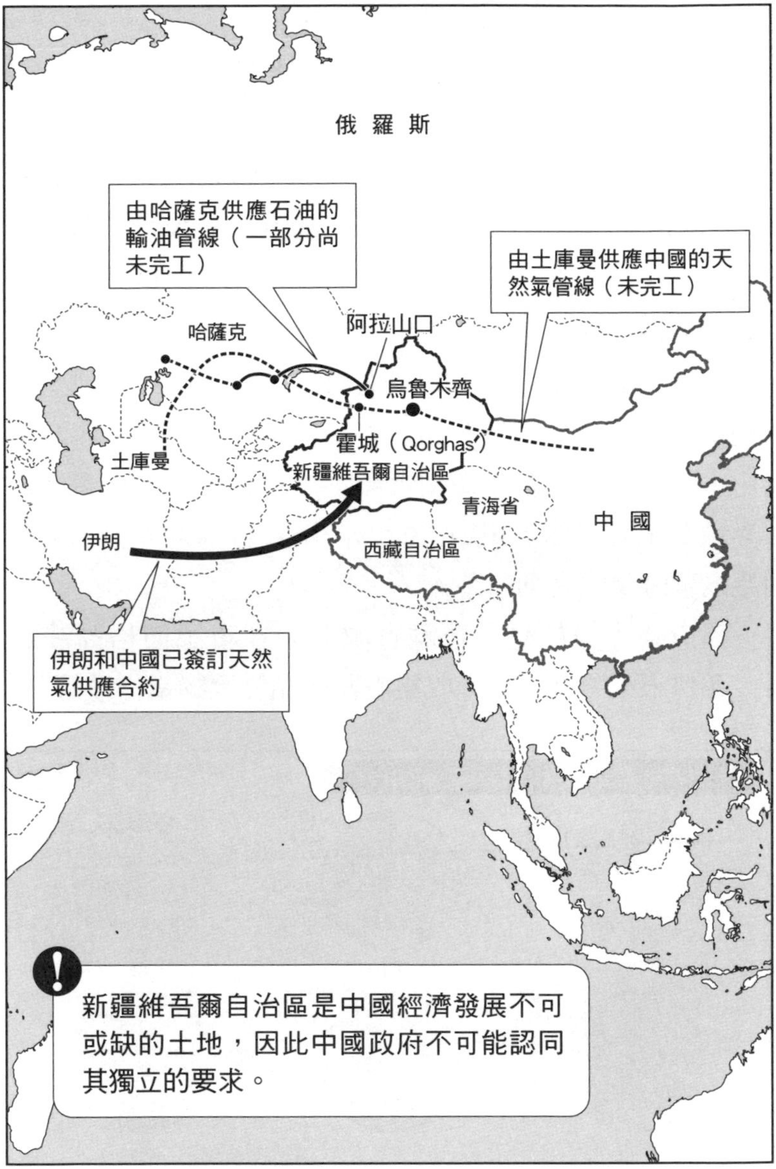
俄羅斯
由哈薩克供應石油的輸油管線（一部分尚未完工）
由土庫曼供應中國的天然氣管線（未完工）
哈薩克
阿拉山口
烏魯木齊
霍城（Qorghas）
土庫曼
新疆維吾爾自治區
青海省
中國
伊朗
西藏自治區
伊朗和中國已簽訂天然氣供應合約
新疆維吾爾自治區是中國經濟發展不可或缺的土地，因此中國政府不可能認同其獨立的要求。

專欄

用地圖解讀！日本經濟祕辛 3

日本意外的「蘊藏資源」地圖

缺乏資源常被指出是「日本經濟上的弱點」。石油幾乎100%仰賴進口，糧食自給率也不到40%。然而，即使是這樣的日本也擁有全球蘊藏量第一名的資源，就是稱之爲「都市礦山」的資源。

所謂的都市礦山，指的是電器產品的零件、電池，包含行動電話等使用過的廢棄物這些礦物資源，經過回收之後再利用。看看日本的都市礦山蘊藏量，將會意外發現黃金占全世界蘊藏量約16%，銀約占22%，兩者皆爲世界第一，銅和白金的蘊藏量也名列前茅。

都市礦山等於是「蘊藏資源」。在資源價格高漲的今日，預料未來將會把積極收集電器產品廢棄物當作政策。

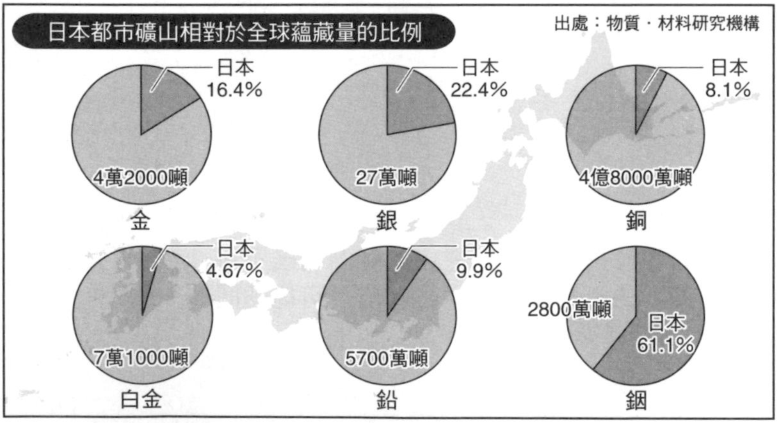
日本都市礦山相對於全球蘊藏量的比例
出處：物質・材料研究機構
日本
16.4%
4萬2000噸
金
日本
22.4%
27萬噸
銀
日本
8.1%
4億8000萬噸
銅
日本
4.67%
7萬1000噸
白金
日本
9.9%
5700萬噸
鉛
2800萬噸
日本
61.1%
銦

第4章【貿易】

追求金錢趨勢，就能透析「現今世界」

◎比方說，「石油價格」究竟是在哪裡，由誰來決定？

外匯市場

貨幣買賣是二十四小時不打烊

資訊化時代的「錢」是眼睛看不見的，但如果能掌握「流向」，就能看見世界經濟。當在便利商店付費、銀行匯款都不需要使用現金時，跨越國界的金錢交易（股票或公債交易等）也不使用現金結算。

這種國際之間沒有實際現金移動的交易方法就稱爲「匯兌」。在國際交易時，先決定貨幣間的交換比例（匯率），再互換雙方的貨幣。聽起來很理所當然，但因爲無法親眼所見，很難感受到實際的狀況。

至於匯率由哪裡決定呢？答案是「外匯市場」。大概有很多人會誤解，雖然名爲「市場」，但並不是在特定地點設置交易所。由銀行、證券公司、各國的中央銀行以及仲介業者，透過電話或上網等經過專用網路，就能從世界各都市進行買賣交易。各都市**交易活絡的時段就稱為「○○市場」，交易時間為二十四小時，無論在哪個都市都能進行**。交易熱絡的地區會隨時間移動，因此全世界二十四小時待命的外匯市場，也稱爲「不眠市場」。

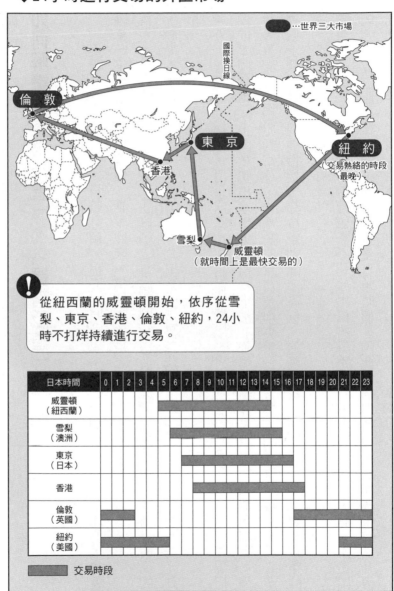

◆24小時進行交易的外匯市場

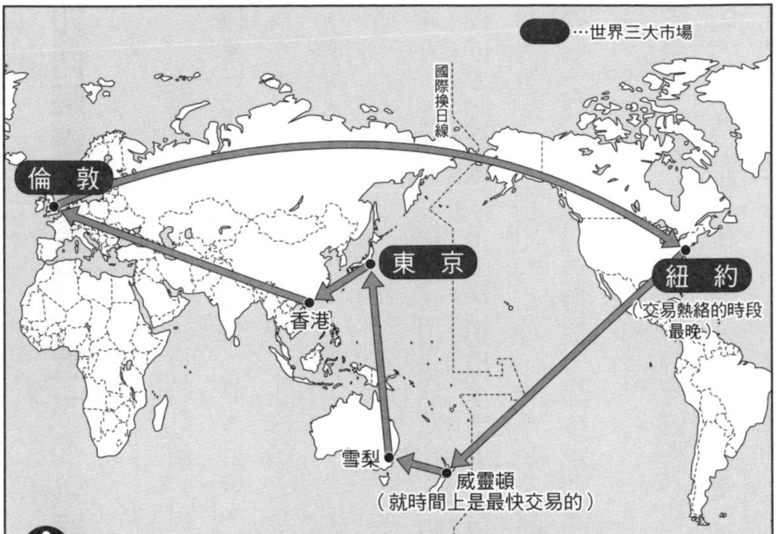
…世界三大市場
國際換日線
倫 敦
東 京
紐 約
（交易熱絡的時段最晚）
香港
雪梨
威靈頓
（就時間上是最快交易的）

從紐西蘭的威靈頓開始，依序從雪梨、東京、香港、倫敦、紐約，24小時不打烊持續進行交易。

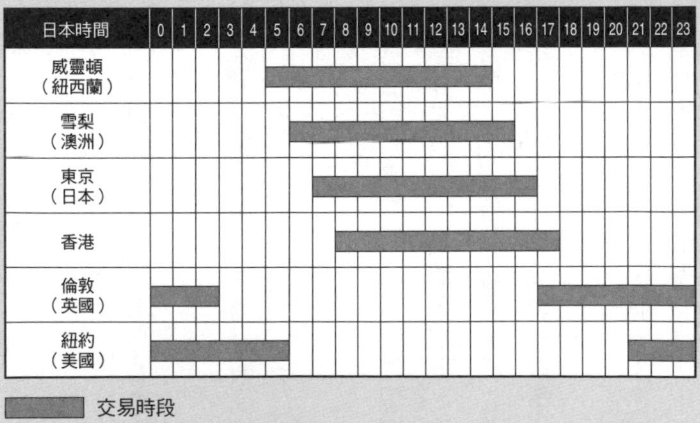
日本時間
0 1 2 3 4 5 6 7 8 9 10 11 12 13 14 15 16 17 18 19 20 21 22 23
威靈頓（紐西蘭）
雪梨（澳洲）
東京（日本）
香港
倫敦（英國）
紐約（美國）
交易時段

匯率

如何解讀「貨幣升值」、「貨幣貶值」

「一美元＝八十五日圓，日幣升值，美元走貶」——兩國之間貨幣的交換比例，也就是「匯率」，這令人似懂非懂。話說回來，這個匯率是怎麼決定出來的？

首先，是各國的利率差異。比方說，若美國的利率提高，錢在美國運用就能獲得較高的利息，於是本國貨幣被售出，換購美元（市場出現對美元的需求＝價格上漲＝強勢＝美元升值）。

此外，貿易收支變化也很重要。出口數比進口數多，身邊留有美元的話，就會想把美元換成本國貨幣（本國貨幣出現需求＝價格上漲＝強勢＝美元走貶）。其他像戰爭、恐怖攻擊等影響政治穩定的事件，或是政府官員及中央銀行總裁等人的發言、GDP和失業率、物價上漲指數等經濟指標，都會牽動匯率高低。追根究柢，或許記住是以對該貨幣的「需求」來決定價值就沒錯了。

觀察日美之間的關係，日幣升值將不利於出口，日幣走貶則影響進口。由於日本是出口大國，因此討厭日幣升值，傾向較接受日幣貶值。因此當你即使在新聞報導中聽到升值貶值問題時覺得無關痛癢，但匯率變動已經在不知不覺中影響你的生活了。

◆匯率變動的架構

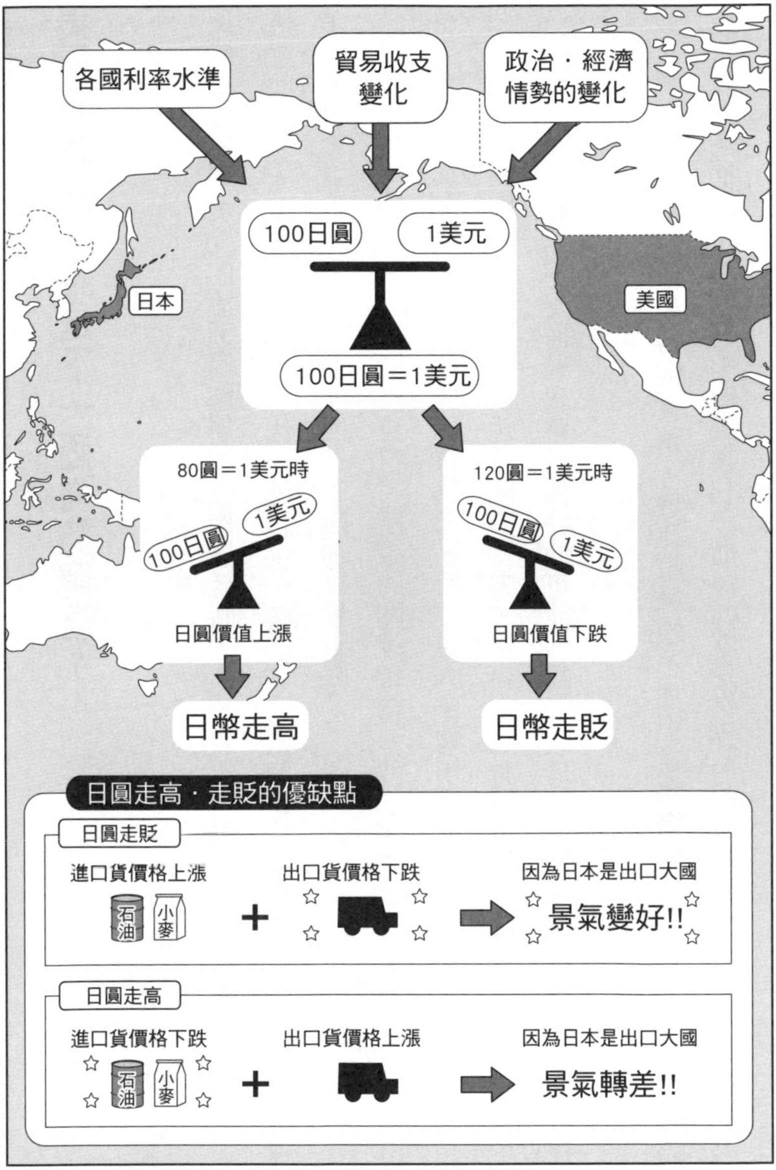
各國利率水準
貿易收支變化
政治・經濟情勢的變化
日本
美國
100日圓
1美元
100日圓＝1美元
80圓＝1美元時
100日圓
1美元
日圓價值上漲
日幣走高
120圓＝1美元時
100日圓
1美元
日圓價值下跌
日幣走貶
日圓走高・走貶的優缺點
日圓走貶
進口貨價格上漲
石油
小麥
出口貨價格下跌
因為日本是出口大國
景氣變好!!
日圓走高
進口貨價格下跌
石油
小麥
出口貨價格上漲
因為日本是出口大國
景氣轉差!!

關鍵貨幣

美元直直落，誰是下一個強勢貨幣？

出國旅行發現美元的流通範圍居然這麼廣泛時，大家會不會嚇了一跳？歐洲、亞洲自然不在話下，甚至到非洲內陸也能用美元付款。雖然不少國家也接受日幣，但相較之下還是比美元少很多。為什麼只有美元能在各國通行無阻呢？

這是因爲現今將美元視爲關鍵貨幣。所謂的關鍵貨幣，就是在國際間交易上最常使用的貨幣。實際上各國間在進行金融和貿易交易時，也大多使用美元。

眾所周知，美國在經濟上有凌駕各國的實力，軍事上也有壓倒性的優越地位；此外，一般公認美國因爲政局不安而導致幣值暴跌的可能性相對較低，因此，任何國家都安心接受美元。

假設國際間結算時使用各國貨幣，會比較麻煩，加上貨幣價值若在短期之內大幅震盪，或許就無法從決定的價格中取得獲利。而美元就是世界公認波動較小的貨幣。

美元以外的強勢貨幣

然而，關鍵貨幣並非絕對，當國際情勢出現大變動時，關鍵貨幣也可能改變。回溯歷史可知，從十九世紀到二次世界大戰期間，全球是以英鎊做爲關鍵貨幣，戰後才改由美元取而代之。

當美國在全球獨大的時代結束後，就可能產生變化。事實上，當二〇〇八年以美國爲震央所引發的金融危機一爆發，全球對美國經濟失去信心，**美元持續走貶，世界各國逐漸不再依賴美元**。

那麼，未來將取代美元的貨幣是什麼呢？最受矚目的就是歐元。一九九九年歐盟開始採用歐元，至今有十六個國家使用，在歐洲地區的流通量超過美元。歐盟國家中雖然也有像英國這種不採用歐元的國家，但未來加入的國家勢必增多。只要克服歐盟各國之間經濟落差的缺點，未來歐元十分有可能成爲關鍵貨幣。

另一個極具潛力的就是中國的人民幣。目前逐漸超越國界，在鄰近幾個國家流通。有分析指出，人民幣在東南亞將像日幣一樣強勢，也有人認爲在不久的將來會形成一個以人民幣爲結算貨幣的經濟圈。

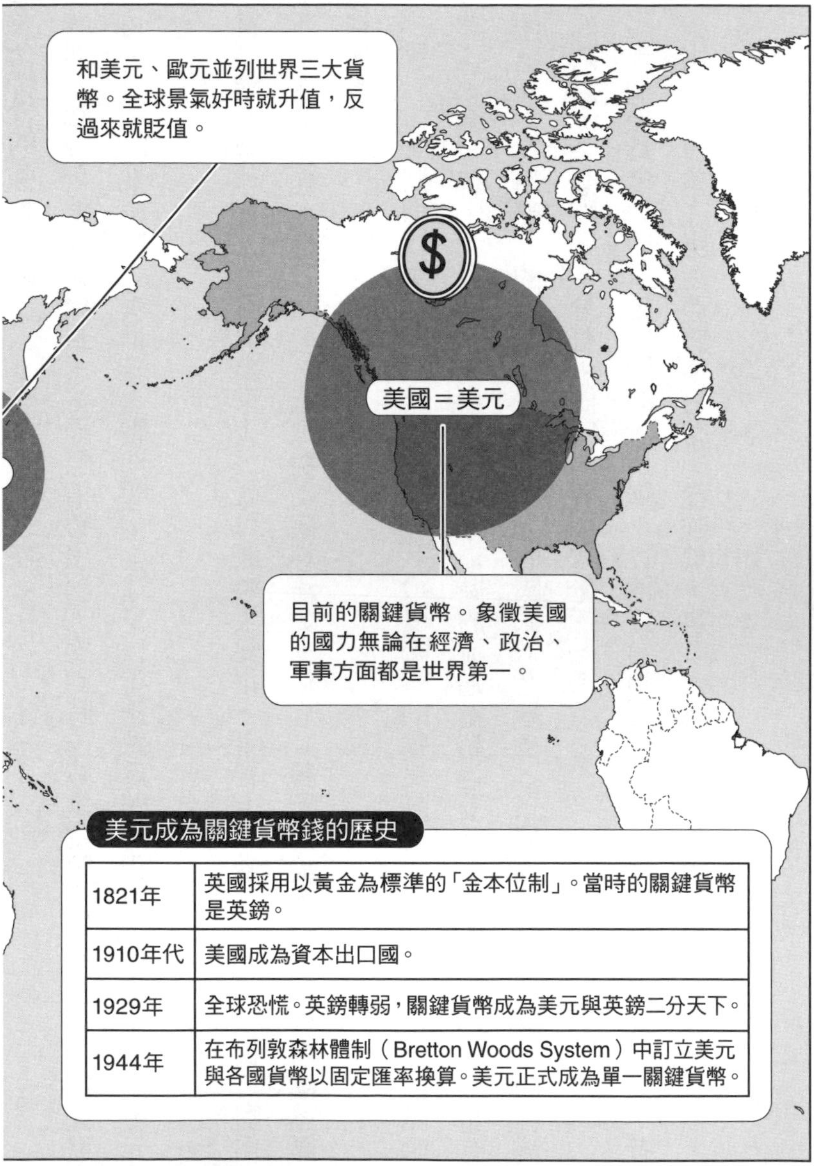
和美元、歐元並列世界三大貨幣。全球景氣好時就升值，反過來就貶值。
$
美國＝美元
目前的關鍵貨幣。象徵美國的國力無論在經濟、政治、軍事方面都是世界第一。

美元成為關鍵貨幣錢的歷史

1821年	英國採用以黃金為標準的「金本位制」。當時的關鍵貨幣是英鎊。
1910年代	美國成為資本出口國。
1929年	全球恐慌。英鎊轉弱，關鍵貨幣成為美元與英鎊二分天下。
1944年	在布列敦森林體制（Bretton Woods System）中訂立美元與各國貨幣以固定匯率換算。美元正式成為單一關鍵貨幣。

◆牽動經濟的四國貨幣

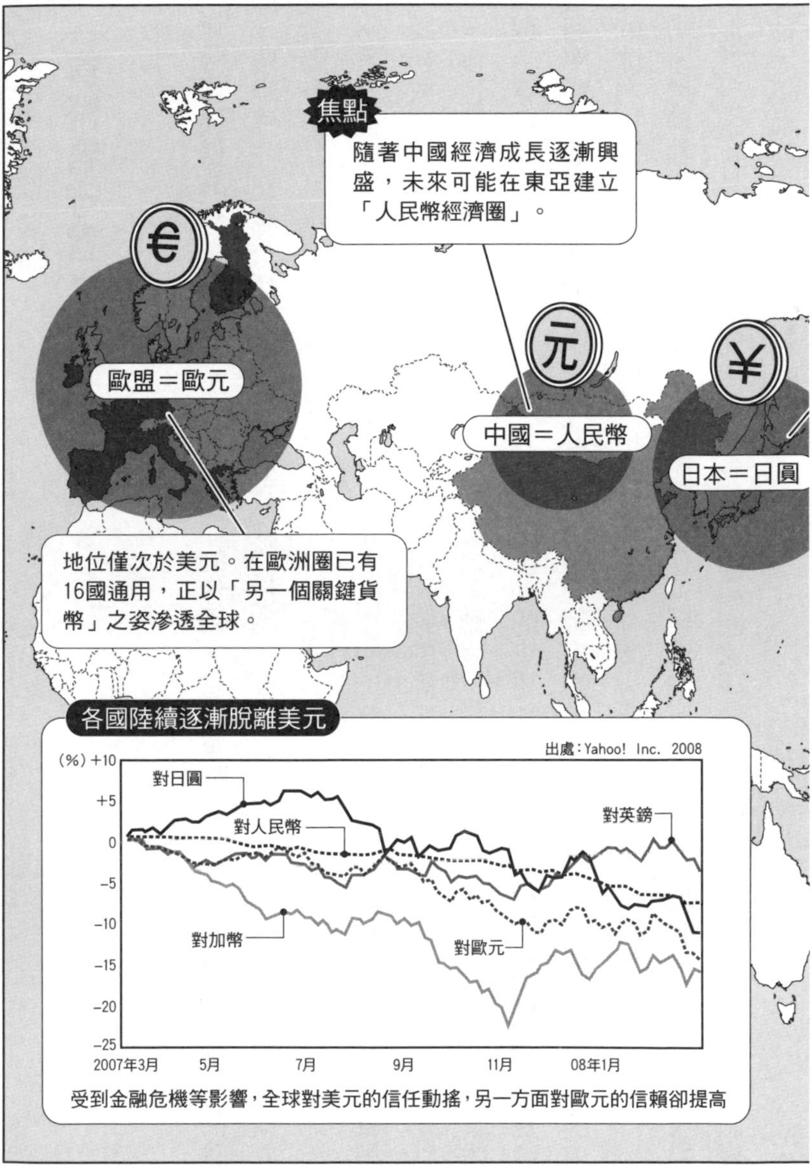
焦點
隨著中國經濟成長逐漸興盛，未來可能在東亞建立「人民幣經濟圈」。
€
歐盟＝歐元
元
中國＝人民幣
¥
日本＝日圓
地位僅次於美元。在歐洲圈已有16國通用，正以「另一個關鍵貨幣」之姿滲透全球。
各國陸續逐漸脫離美元
出處：Yahoo! Inc. 2008
(%) +10
+5
0
−5
−10
−15
−20
−25
對日圓
對人民幣
對英鎊
對加幣
對歐元
2007年3月
5月
7月
9月
11月
08年1月

受到金融危機等影響，全球對美元的信任動搖，另一方面對歐元的信賴卻提高

IMF・世界銀行

「貨幣看守者」的職責

無論什麼樣的組織，都必須有維護秩序的作用。就像掌握企業收支，讓經營健全的會計師，國際通商在維持秩序上也有不可或缺的機關，就是有「貨幣看守者」之稱的IMF（國際貨幣基金組織）和世界銀行。

兩者爲姊妹機構，皆於一九四五年設立，但功能上有若干差異。**IMF以短期融資為主**，當初成立時就是爲了支撐以美元做爲關鍵貨幣的固定匯率制度，但到了一九七〇年代前半，多數國家更改爲變動市場制，功能也逐漸轉變。從一九九〇年代起，對於陷入貨幣危機或金融危機的國家提供金融融資、資金援助的主要功能。另一方面，**世界銀行主要負責低利率的長期融資業務**。過去的目的多是援助戰後的重建，但近年來主要針對在貧困中掙扎的開發中國家，以及準備引進市場經濟的舊社會主義國家給予援助開發。

兩所機構都標榜政治中立，將功能限定在「經濟」方面。然而，據說融資附帶法規鬆綁和促進自由貿易爲條件，對出資較多的已開發國家融資的意願較強。身爲國際貨幣制度的支柱，這種作法常引起質疑。

◆IMF與世界銀行的國際援助

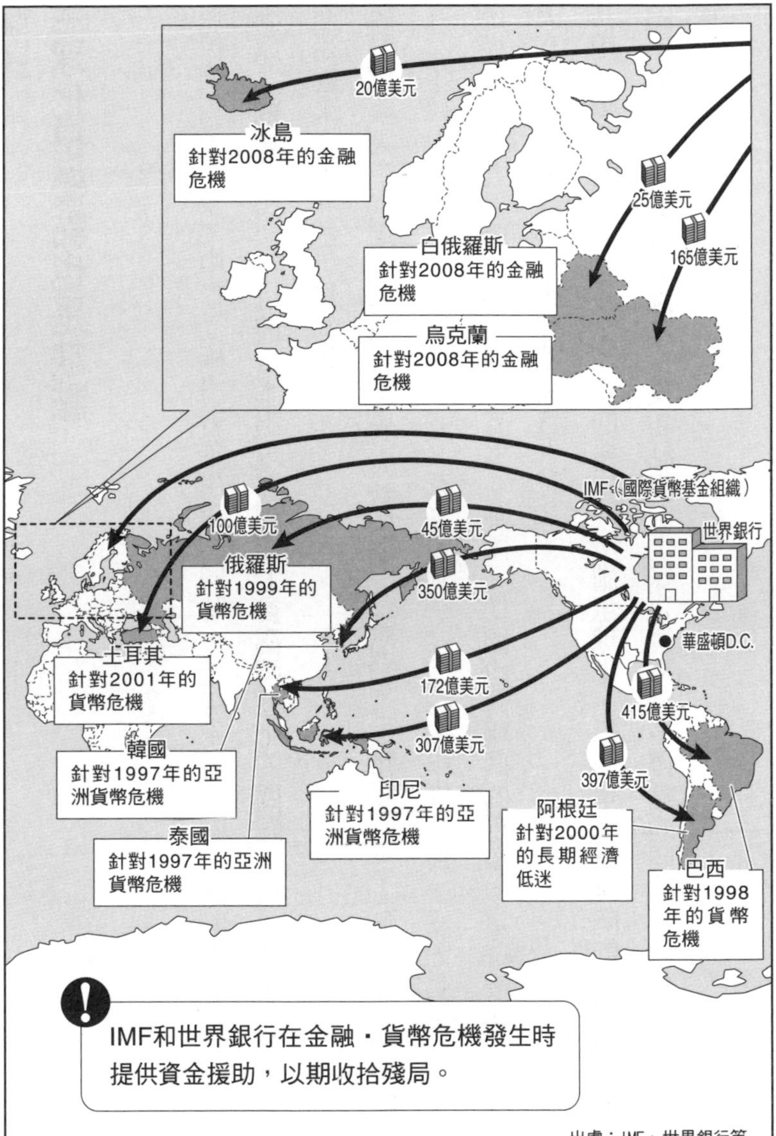
20億美元
冰島
針對2008年的金融危機
25億美元
165億美元
白俄羅斯
針對2008年的金融危機
烏克蘭
針對2008年的金融危機
IMF（國際貨幣基金組織）
世界銀行
100億美元
45億美元
350億美元
俄羅斯
針對1999年的貨幣危機
土耳其
針對2001年的貨幣危機
華盛頓D.C.
172億美元
307億美元
415億美元
397億美元
韓國
針對1997年的亞洲貨幣危機
印尼
針對1997年的亞洲貨幣危機
阿根廷
針對2000年的長期經濟低迷
泰國
針對1997年的亞洲貨幣危機
巴西
針對1998年的貨幣危機
IMF和世界銀行在金融・貨幣危機發生時提供資金援助，以期收拾殘局。

出處：IMF、世界銀行等

全球化

全球化是優點也是缺點

科技業鉅子在豪宅中享受極盡奢華生活的同時，遍尋不著正職工作的派遣人員因爲失業而淪爲「網咖遊民」。日前日本出現在**經濟上貧富兩極化的問題**，但這種現象並不限日本，而是近來全世界都可見的趨勢。

觀察年收入不到國民平均收入的人數比例「貧困率」就能清楚了解。例如，美國在一九九〇年代中期的貧困率約爲一三．五%，到了二〇〇〇年攀升到一三．七%左右；日本則是從一一．九%飆高到一三．五%；英國、德國也有相同的現象。這些被稱爲經濟大國的國家，爲什麼貧富差距會越來越大呢？

其中一項主要原因就是全球化的擴展。所謂**全球化，指的是市場導向的自由經濟或貿易自由化以全世界的規模推動**。換句話說，全球化帶來許多優點的同時，也會造成財富集中在少數人身上的負面影響。

◆全球化造成「貧富差距」

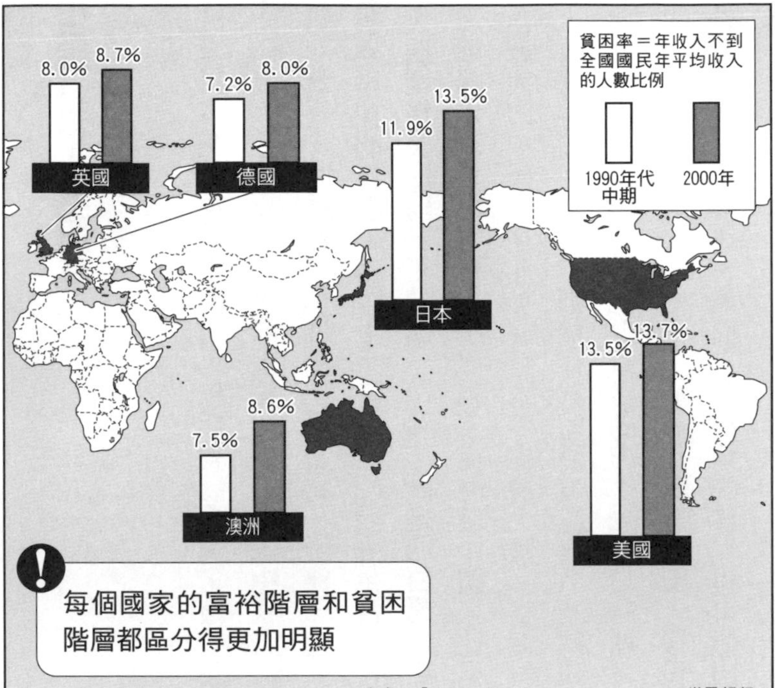

出處：「World Development Indicators」世界銀行

◆何謂全球化？

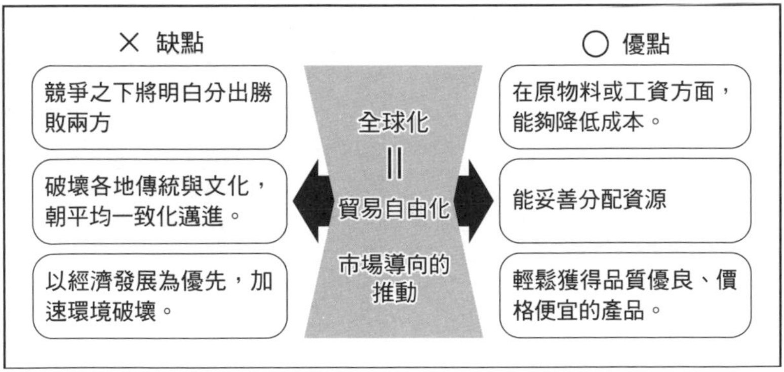

移民

世界勞工大遷移

近來日本的外籍勞工漸增，包括餐飲業、工廠、語言學校等，在日本的外籍勞工大約有七十六萬人。計算下來實際上每一百名勞工中就有一名是外國人。

這也難怪，時代已經進展到不僅貨物、金錢，連人都可以超越國境了，全世界的移民人數也有增加的趨勢。事實上，針對二〇〇五年ＯＥＣＤ（經濟合作開發組織）會員國的**新永久居留移民比前一年增加一〇％，高達四百萬人之多**。

從地圖可以看出，移民中出現「從開發中國家往已開發國家」的大方向。例如，從經濟落差較大的中國移往北美或日本等經濟大國，這個方向非常明顯。觀察歐洲地區也可以發現，東歐各國或土耳其則移往歐盟最強經濟力的德國。反觀已開發國家也不得不接受移民的現實。除了少子高齡化導致勞動力不足，這些部分都得靠移民來彌補。

另一方面，移民問題層出不窮。在歐美各國，移民增加常造成本國失業人口增加，因此輿論多傾向排斥移民。然而遭到排斥的移民也可能因此產生暴動，故必須盡快擬定對策才行。

◆全球的移民方向（2005年）

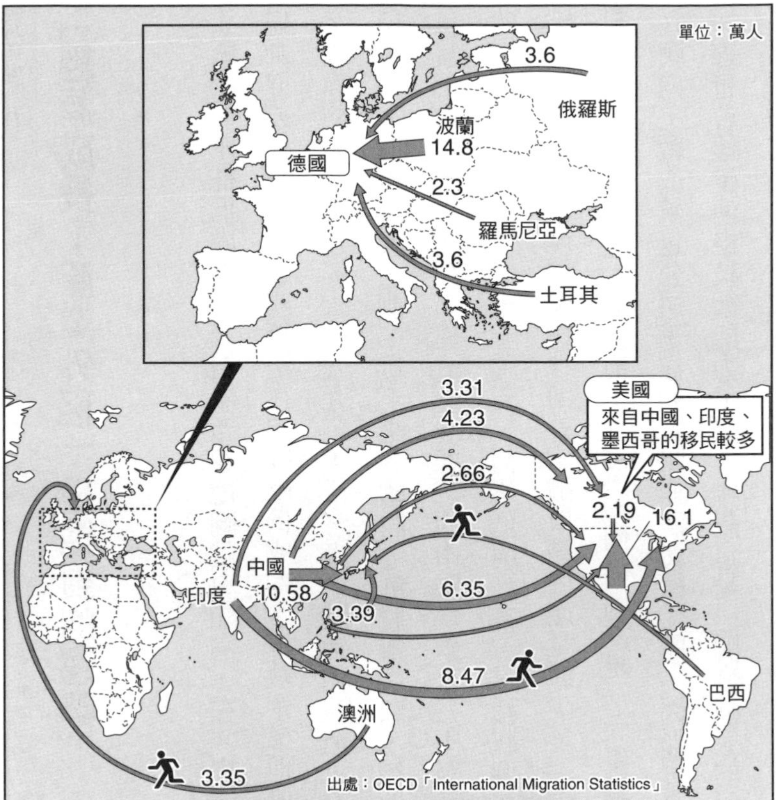
單位：萬人
3.6
俄羅斯
波蘭
14.8
德國
2.3
羅馬尼亞
3.6
土耳其
3.31
4.23
美國
來自中國、印度、墨西哥的移民較多
2.66
2.19
16.1
中國
10.58
印度
6.35
3.39
8.47
巴西
澳洲
3.35
出處：OECD「International Migration Statistics」

各國人才不足狀況（2007年）

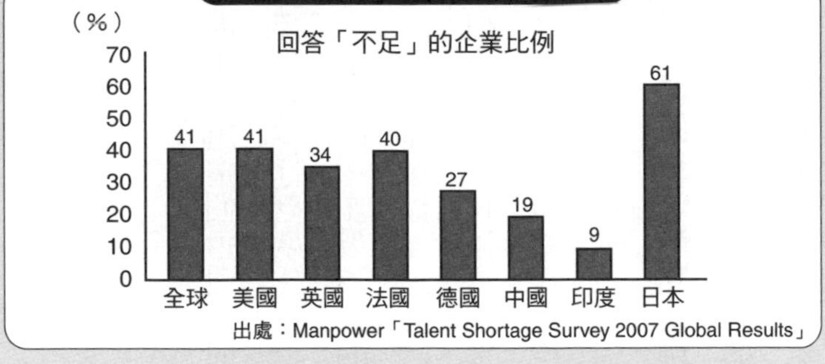
（%）
回答「不足」的企業比例
70
60
50
40
30
20
10
0
41
41
34
40
27
19
9
61
全球
美國
英國
法國
德國
中國
印度
日本
出處：Manpower「Talent Shortage Survey 2007 Global Results」

產業空洞化

「經濟成長→產業外移」是絕對的趨勢

正所謂「水往低處流」，看看產業地圖就會知道，在「經濟」面也適用這個道理。如果法規制度或社會狀況造成無法在國內壓低成本，多數企業理所當然會朝國外發展。

全世界的製造業在進入一九九〇年代之後，開始頻繁進軍海外。前一陣子主要轉往的陣地是中國，但也有人預測，接下來各國將逐漸脫離中國，加速轉往東南亞。以二〇〇六年的每月平均租金來比較，經濟發展顯著的中國爲兩百三十美元，但東南亞以技術立國爲目標的越南，僅爲一百三十五美元，價格低廉許多。這種狀況如果持續，將導致「產業空洞化」。也就是將生產據點移往海外，造成國內產量減少。

對消費者而言，能從外國取得低價的商品固然是一大優點，但引發嚴重的缺點。例如，在國內工廠或承包公司工作的人將無法繼續受聘，因而提高失業率。此外，失去製造的第一線也會連帶使得技術能力下降。雖說這是已開發國家的宿命，但也必須盡可能避免陷入產業空洞化。

◆日本企業移往海外的洪流

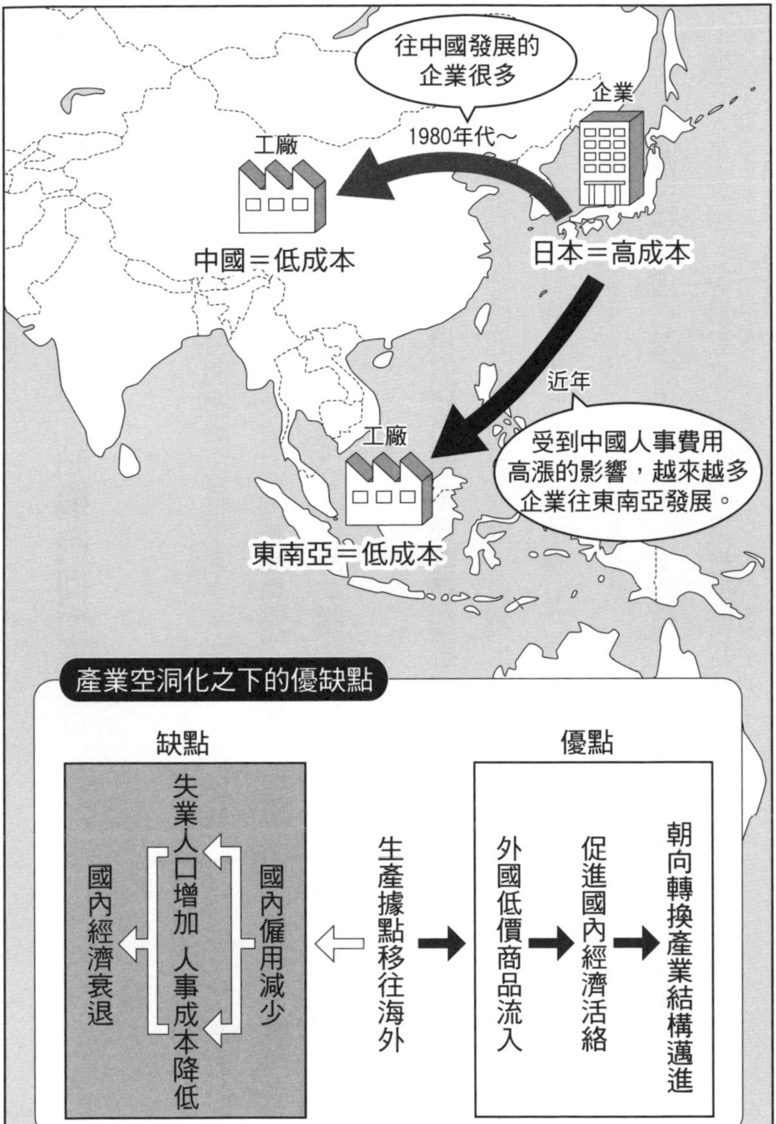
往中國發展的
企業很多
1980年代～
企業
工廠
日本＝高成本
中國＝低成本
近年
工廠
受到中國人事費用
高漲的影響，越來越多
企業往東南亞發展。
東南亞＝低成本
產業空洞化之下的優缺點
缺點
優點
失業人口增加
國內僱用減少
人事成本降低
國內經濟衰退
生產據點移往海外
外國低價商品流入
促進國內經濟活絡
朝向轉換產業結構邁進

貿易摩擦

美中日的「貿易逆差」結構為何？

日本和美國曾經因爲貿易問題陷入嚴重對立。在第二次世界大戰慘敗，受到教訓的日本，之後的重建卻令人嘆爲觀止。對美國銷售纖維、鋼鐵、電視、汽車、半導體等各式各樣的產品，遂達到高度成長。過去曾經敵對的美國，在戰爭結束之後反而成了日本最大的貿易對象國。

然而，在這期間**日本出現的貿易順差在美國卻呈現對日鉅額逆差的赤字**。進入八〇年代之後日本也利用日幣升值的情勢逆向反擊，持續出口彩色電視機和汽車，在美國引起很大的問題。由於品質優良的日本產品受到消費者的喜愛，導致美國產品滯銷，美國勞工因此失業，而掀起所謂「打壓日本（Japan Bashing）」的政策。

日本單方面持續增加貿易順差是自由競爭的結果。由於日本擁有高度技術力，加上比美國低廉的人事費用，製造出來的商品熱賣是理所當然的，但美國抵制行動的結果卻使得日本受到出口限制等貿易報復。

◆貿易摩擦的過程

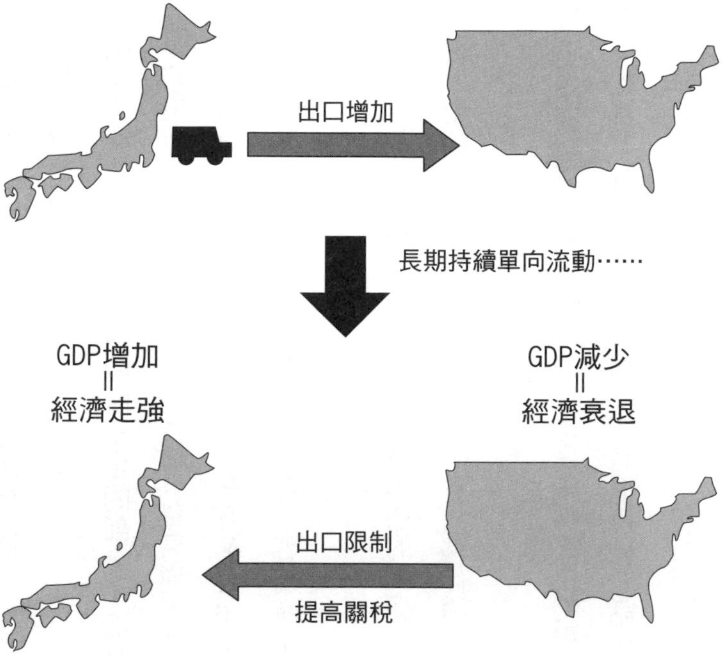
出口增加
長期持續單向流動……
GDP增加
=
經濟走強
GDP減少
=
經濟衰退
出口限制
提高關稅

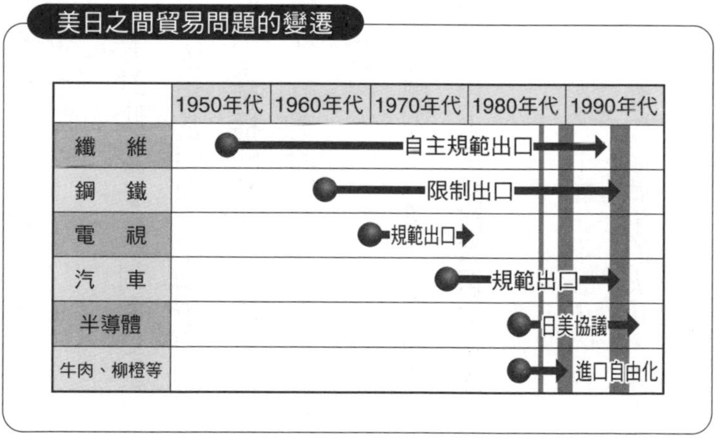
美日之間貿易問題的變遷
1950年代
1960年代
1970年代
1980年代
1990年代
纖　維
自主規範出口
鋼　鐵
限制出口
電　視
規範出口
汽　車
規範出口
半導體
日美協議
牛肉、柳橙等
進口自由化

類似這樣和對象國的收益不均衡導致國內經濟出現不良影響，在兩國之間產生摩擦，就叫做「貿易摩擦」。

若兩個國家彼此交易自己國內所不足的部分，而且雙方對此利益都感到滿足就沒問題。然而，若出超（貿易順差）國和入超（貿易逆差）國差別相當明顯，不均衡的情況擴大時，就會在兩國之間出現不同調。尤其雙方都有類似的產業結構的話，一方持續出現貿易順差，就會對另一國產業造成很大的傷害，容易產生摩擦。日美的貿易摩擦就是很好的例子。

中國產品正滲透到美國

此外，近年來美國和中國也出現貿易摩擦的問題。中國在國際市場迅速增強競爭力，對美國而言，中國已經是攀升到第二名的貿易夥伴國。**中國產品占美國所有貿易逆差三成之多**。

對此，美國強烈譴責中國，並且指控中國人民幣對美元的匯率不變、不公正的貿易補助，還有侵犯智慧財產權等。兩國雖然看似持續對話，但因爲摩擦而產生的火花，看來還沒那麼容易消失。

◆日美中的貿易關係

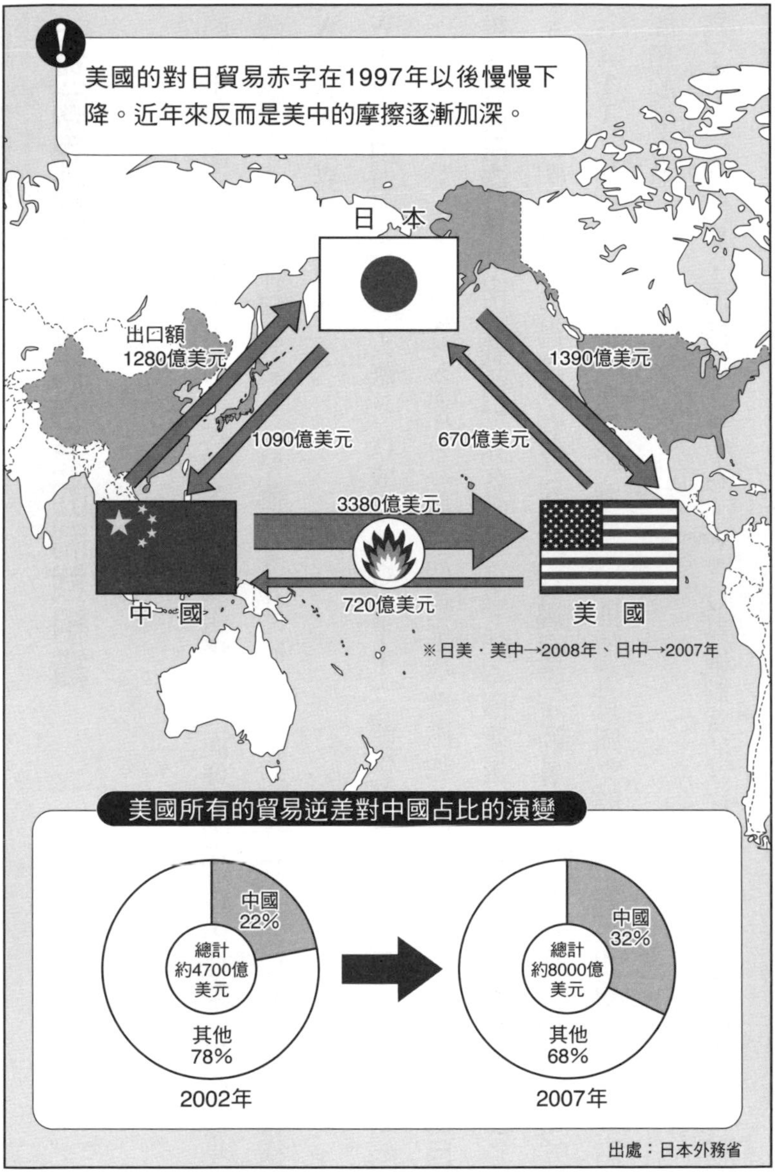
美國的對日貿易赤字在1997年以後慢慢下降。近年來反而是美中的摩擦逐漸加深。
日本
出口額
1280億美元
1090億美元
670億美元
1390億美元
3380億美元
720億美元
中國
美國
※日美・美中→2008年、日中→2007年
美國所有的貿易逆差對中國占比的演變
中國
22%
總計
約4700億
美元
其他
78%
2002年
中國
32%
總計
約8000億
美元
其他
68%
2007年
出處：日本外務省

WTO（世界貿易組織）

「無國界經濟」時代必要的制裁組織

隨著世界邁向全球化，人力、物力、金錢及服務等全面通商都能自由往來。提到貿易時，國界幾乎不再具備任何意義。在這個全球化的時代，維持通商秩序而成立的國際機構就是WTO（世界貿易組織）。

WTO是由第二次世界大戰之後成立的GATT（關稅暨貿易總協定）發展而成的組織，在二〇〇九年九月總計全球有一五三個國家或地區加入會員。這個組織**最大的目的就是推動自由貿易**。由於戰前世界各國爲了守住本國產業，大多採行區塊經濟（bloc economy）的封閉政策，使得外交關係惡化成爲爆發戰爭的導火線，在這樣的反省之下才成立GATT。然而，由於這只是單純的協定，即使會員國之間發生貿易糾紛，也不具備解決問題的權限與功能。

爲了解決這個問題，因此成立WTO。WTO具備制裁的功能，在多國之間的自由貿易可以建立國際規範，並將廢除關稅及限制作爲目標，藉此將可使全球化的進展更加快速。

◆WTO成立的背景

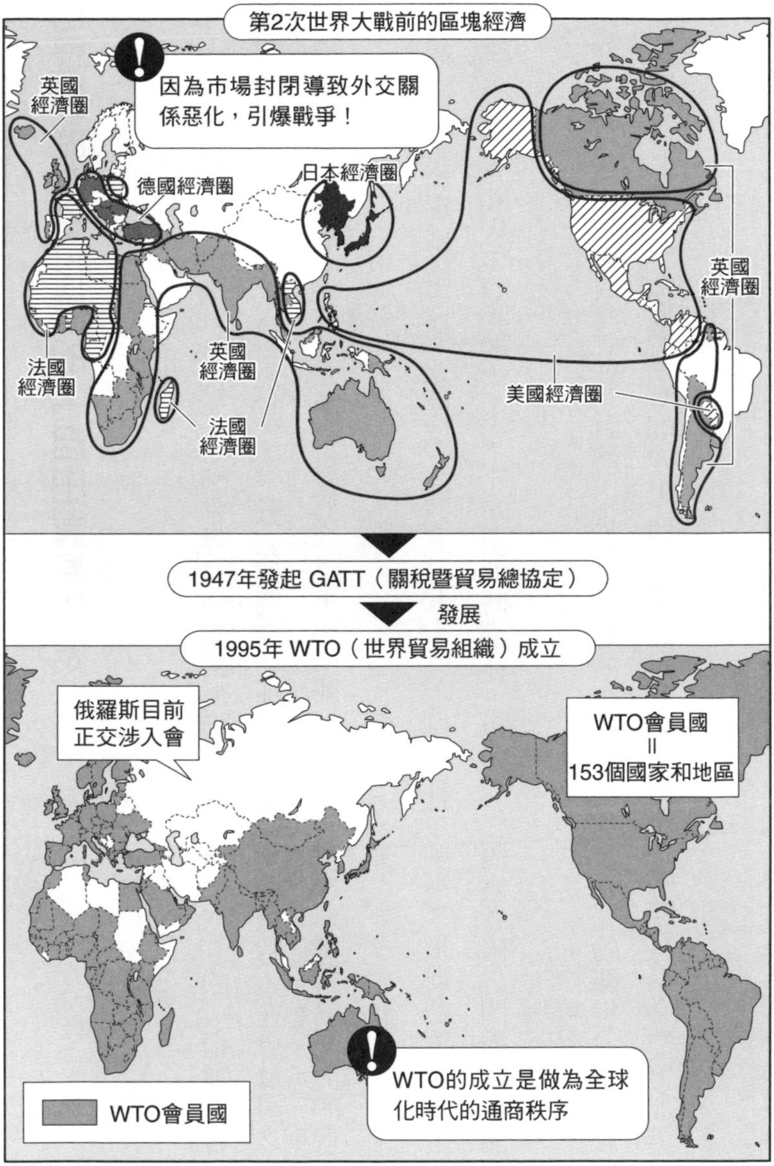
第2次世界大戰前的區塊經濟
因為市場封閉導致外交關係惡化，引爆戰爭！
英國經濟圈
德國經濟圈
日本經濟圈
英國經濟圈
法國經濟圈
英國經濟圈
法國經濟圈
美國經濟圈
英國經濟圈
1947年發起 GATT（關稅暨貿易總協定）
發展
1995年 WTO（世界貿易組織）成立
俄羅斯目前正交涉入會
WTO會員國
=
153個國家和地區
WTO會員國
WTO的成立是做為全球化時代的通商秩序

FTA（自由貿易協定）

已經擴展至全世界的「自由貿易協定」

WTO（世界貿易組織）是爲了達到世界自由貿易的穩定及活絡而成立的，但還是會出現幾個問題。首先，WTO共有多達一五三個國家及地區，不但交涉費時，在會員國之間也容易產生利害衝突。此外，所有會員國設定相同關稅，也有阻礙自由貿易交流的危險。

於是，近來出現兩國之間或區域之間簽訂FTA（自由貿易協定）來促進貿易自由化的例子。FTA和WTO相較之下，不需要耗時交涉，也能彈性因應各國之間的制度調整。

例如，從日本出口電器產品往泰國。依照WTO的規則，要加上五％的關稅。但由於日本和泰國簽訂FTA，便能以零關稅出口。往後若簽約國增多，國際貿易必然更加迅速。

目前大家最熟知的FTA就是EU（歐盟），還有NAFTA（北美自由貿易協定）、AFTA（東協自由貿易區）、Mercosur（南方共同市場）等，已經簽訂的FTA將近有兩百個地區。

●自由貿易圈的拓展將引起戰爭？

從FTA發展出的EPA（經濟夥伴協定），目前動向也逐漸拓展中。相對於FTA是以物力、服務自由化爲目標的協定，EPA則包含投資和人力的移動，以強化各領域的經濟關係爲目的。

然而，這裡出現一個疑問。第二次世界大戰就是因爲企圖固守特定地區利益的區塊經濟，成爲引發戰爭的間接導火線。當FTA與EPA持續進展，難道不會重演第二次世界大戰嗎？

然而，似乎不需要擔心這一點。因爲即使**FTA之類的區域整合持續進展，基本上還是得遵守WTO的規定**。第二次世界大戰前沒有國際規範，放任各國隨意進行區域整合，才會衍生出對立關係，但現在應該很難再重蹈覆轍。

日本起初重視透過WTO的交涉，對於簽訂FTA採取較謹愼的態度，因此投入FTA的起步稍晚，但近期也在二〇〇二年和新加坡簽訂EPA、二〇〇五年和墨西哥簽訂FTA，目前對於FTA．EPA都採取積極推動的政策。

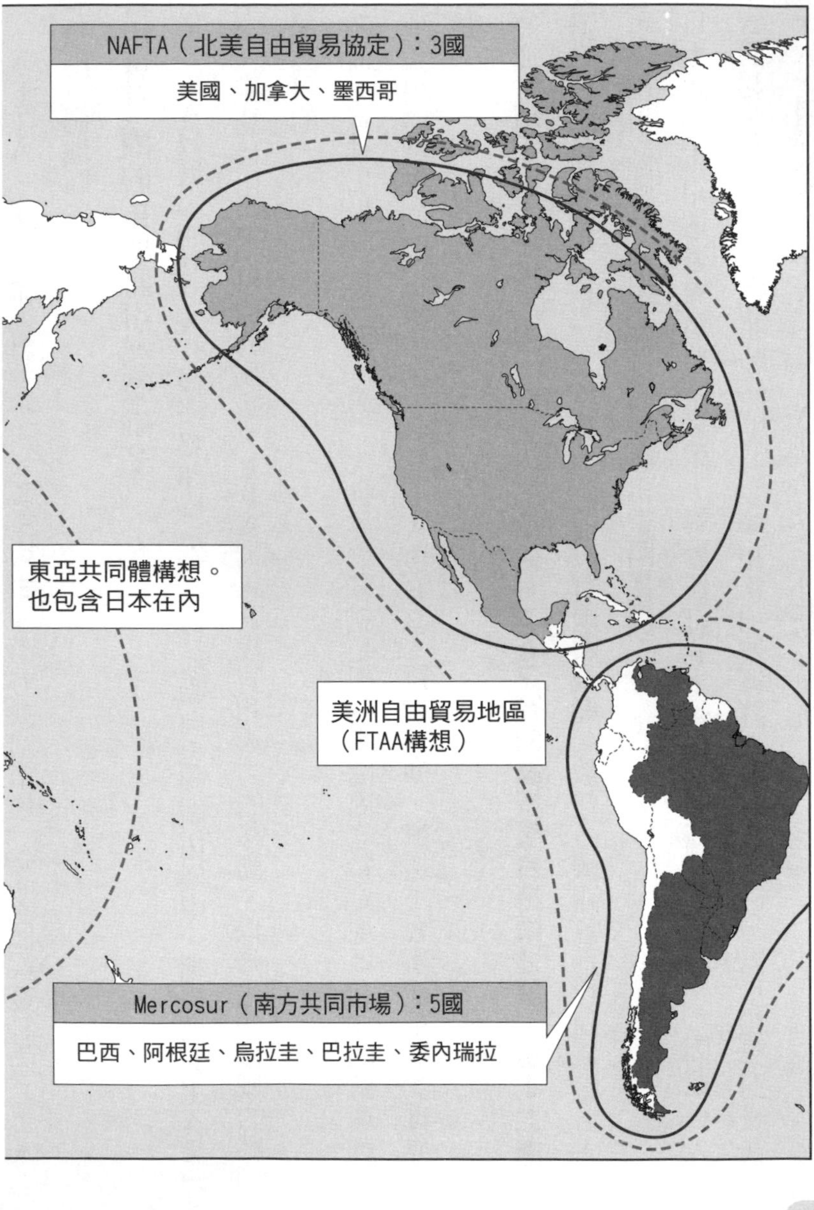
NAFTA（北美自由貿易協定）：3國
美國、加拿大、墨西哥
東亞共同體構想。
也包含日本在內
美洲自由貿易地區
（FTAA構想）
Mercosur（南方共同市場）：5國
巴西、阿根廷、烏拉圭、巴拉圭、委內瑞拉

◆全世界主要自由貿易協定（2009年）

EU（歐盟）：27國
比利時、保加利亞、捷克、丹麥、德國、愛沙尼亞、冰島、希臘、西班牙、法國、義大利、賽普勒斯、拉托維亞、立陶宛、盧森堡、匈牙利、馬爾他、荷蘭、奧地利、波蘭、葡萄牙、羅馬尼亞、斯洛維尼亞、斯洛伐克、芬蘭、瑞典、英國
AFTA（東協自由貿易區）：10國
泰國、印尼、馬來西亞、新加坡、菲律賓、汶萊、越南、緬甸、寮國、柬埔寨

EU（歐盟）
歐盟會大到什麼程度？

不久的將來即將誕生「歐洲合眾國」——這樣聽起來或許有些誇張，但歐盟的確朝整合為一體的方向邁進。

起源於ECSC（歐洲煤鋼共同體）成立初期（一九五一年）只有六個國家，經過ECC（歐洲經濟共同體）、EC（歐洲共同體）到EU（歐盟），規模逐漸擴大，現在已經增加到二十七國。

其實，**將歐洲當作一整個國家的構想，早在戰後初期，也就是五十年前便已存在**。在兩次世界大戰中遭受龐大損害的歐洲各國，為了避免第三次悲劇發生，思考到必須將政治、經濟合一，來對抗強大的美國。從地圖上可以清楚看出，歐洲各國的國土面積小，人口也不是太多，各自競爭絕對不是美國的對手，但是將整個歐洲統一卻又是另一回事。

目前希望加入歐盟的國家很多，也持續引進統一貨幣歐元。觀察近年來美國逐漸衰退的情勢，未來歐盟絕對有可能凌駕美國。

◆持續擴大的歐盟

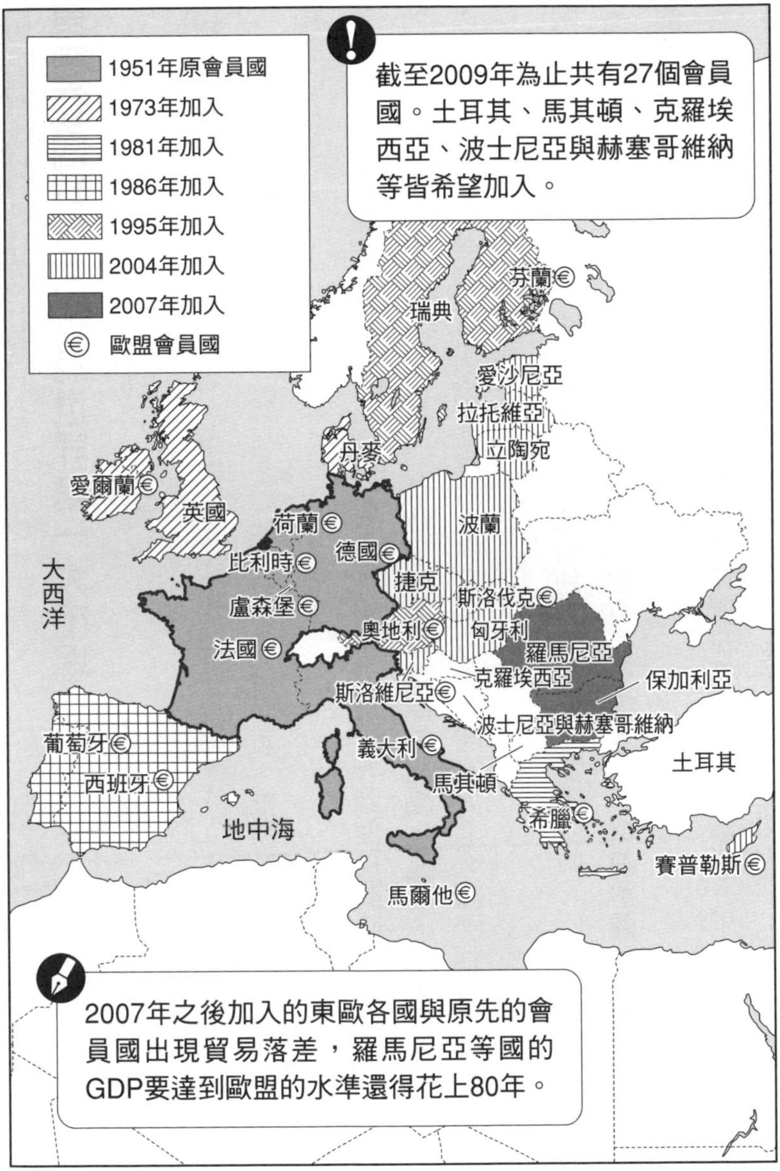
1951年原會員國
1973年加入
1981年加入
1986年加入
1995年加入
2004年加入
2007年加入
€ 歐盟會員國
截至2009年為止共有27個會員國。土耳其、馬其頓、克羅埃西亞、波士尼亞與赫塞哥維納等皆希望加入。
芬蘭€
瑞典
愛沙尼亞
拉托維亞
立陶宛
丹麥
愛爾蘭€
英國
荷蘭€
波蘭
德國€
比利時€
大西洋
捷克
斯洛伐克€
盧森堡€
奧地利€
匈牙利
羅馬尼亞
法國€
克羅埃西亞
保加利亞
斯洛維尼亞€
波士尼亞與赫塞哥維納
葡萄牙€
義大利€
土耳其
西班牙€
馬其頓
希臘€
地中海
賽普勒斯€
馬爾他€
2007年之後加入的東歐各國與原先的會員國出現貿易落差，羅馬尼亞等國的GDP要達到歐盟的水準還得花上80年。

ASEAN（東南亞國協）

東南亞國協居然成為世界第一大市場

相同於歐洲各國集結成歐盟，東南亞各國和地區也組織成立ASEAN（東南亞國協）。這個國際組織的目的在於維持東南亞的政治經濟安定、推動社會與文化發展，以及促進經濟成長。

於一九六七年發起，當初爲了不讓社會主義國家越南影響到四周鄰國，是以「反共聯盟」的形式結合。也就是說，起先是一個**政治性色彩濃厚的組織**」。然而，近來因爲要促進區域內的貿易自由化發展，更強調在經濟上的緊密合作，開始對全球經濟也產生強大的影響力。

當年發起的會員國是五國，現在已經增加到十個國家，區域內的人口約有五億五千萬人。加上鄰近的中國、韓國、台灣、香港等，約有二十億人口，**成為涵蓋全世界人口三分之一的世界第一大市場**。

日本也積極和東南亞國協接觸。日本陸續和菲律賓、印尼、泰國、馬來西亞等國簽訂FTA·EPA強化彼此的貿易關係，東南亞國協相信將是貿易對手無法忽視的對象。

◆東南亞國協（ASEAN）會員國與日本的關係

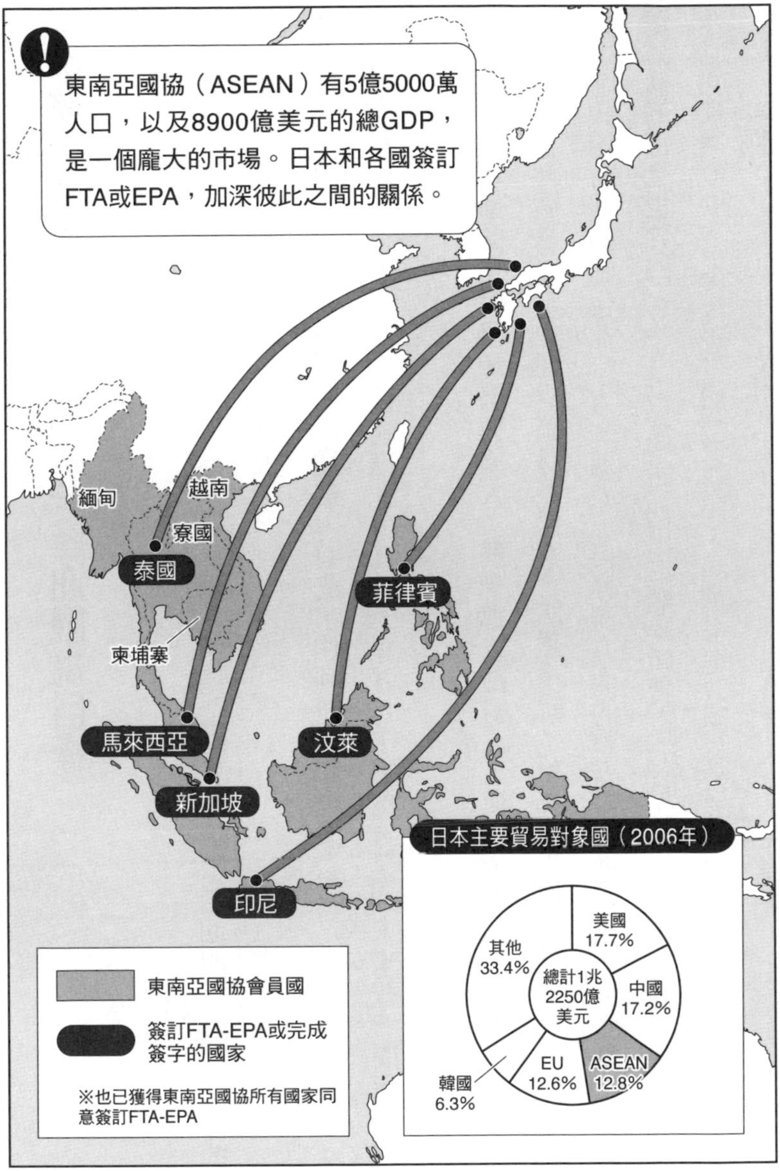
東南亞國協（ASEAN）有5億5000萬人口，以及8900億美元的總GDP，是一個龐大的市場。日本和各國簽訂FTA或EPA，加深彼此之間的關係。
緬甸
越南
寮國
泰國
菲律賓
柬埔寨
馬來西亞
汶萊
新加坡
印尼
東南亞國協會員國
簽訂FTA-EPA或完成簽字的國家
※也已獲得東南亞國協所有國家同意簽訂FTA-EPA
日本主要貿易對象國（2006年）
美國 17.7%
中國 17.2%
ASEAN 12.8%
EU 12.6%
韓國 6.3%
其他 33.4%
總計1兆2250億美元

GCC（波斯灣合作理事會）

「中東版歐盟」——以統一產油國為目標

提到波斯灣，就想到以石油出口累積鉅額順差席捲全世界的多數產油國。近期在石油漲價的背景下，其存在越來越不容忽視。

在波斯灣地區也出現經濟整合的趨勢。首先，由阿拉伯聯合大公國、沙烏地阿拉伯、巴林、阿曼、科威特、卡達等六個國家在一九八一年五月，因爲考量到未來統一問題而創立GCC（波斯灣合作理事會）。

創立當時中東地區正值伊朗勢力擴大、蘇聯進攻阿富汗，使得情勢陷入緊張不安。六國認爲要對抗這些威脅必須先建立區域集體安全防護系統，藉此互相攜手合作。

目前在政治方面的整合並無太大進展，但經濟方面的整合持續進行中，畢竟**GCC的石油蘊藏量約占全世界四〇%**。以這些石油出口順差所獲得的資金爲基礎，透過伊斯蘭金融展開蓬勃的經濟發展。未來結合爲關稅聯盟，同意引進共同貨幣等，將以具體的方式呈現其合作成果。若順利發展的話，或許未來有一天GCC也將牽動全世界經濟。

◆誕生於中東的新經濟圈

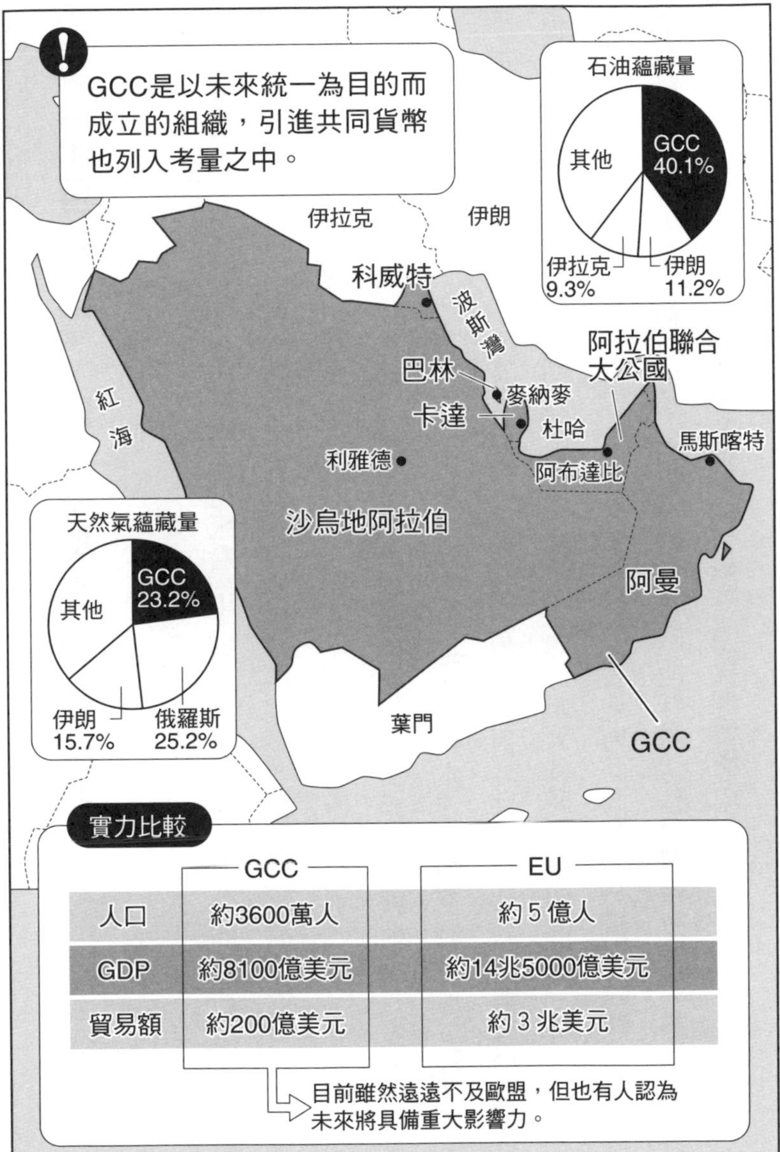
GCC是以未來統一為目的而成立的組織，引進共同貨幣也列入考量之中。
石油蘊藏量
GCC 40.1%
其他
伊拉克 9.3%
伊朗 11.2%
伊拉克
伊朗
科威特
波斯灣
阿拉伯聯合大公國
巴林
麥納麥
卡達
杜哈
馬斯喀特
紅海
利雅德
阿布達比
天然氣蘊藏量
GCC 23.2%
其他
伊朗 15.7%
俄羅斯 25.2%
沙烏地阿拉伯
阿曼
葉門
GCC

實力比較

	GCC	EU
人口	約3600萬人	約 5 億人
GDP	約8100億美元	約14兆5000億美元
貿易額	約200億美元	約 3 兆美元

目前雖然遠遠不及歐盟，但也有人認為未來將具備重大影響力。

Mercosur（南方共同市場）

南美自由貿易市場，以「脫離美國」為目標

「美國後院」——這是從美國的角度來看南美洲，也是美國將南美洲視爲本國勢力範圍的表達方式。事實上，南美洲各國飽受美國的實質控制，並在面臨經濟危機時接受美國的金融援助。從這樣的歷史背景看來，的確不得不承認美國強大的實力。

然而，目前**南美洲出現一個以擺脫依賴美國為目標的經濟組織**，就稱爲Mercosur（南方共同市場）。一九九一年由巴西、阿根廷、巴拉圭、烏拉圭等四國簽訂，在一九九五年成立。該組織以歐盟爲藍本，當初將廢除區域內關稅以及對外貿易課徵共同關稅爲首要目標，但現在貿易結構已經從依賴美國轉向依賴區域內。未來發展值得期待。

同樣的趨勢下，還有一九九六年成立的CAN（安地斯共同體）。這個組織以哥倫比亞、玻利維亞、厄瓜多、祕魯爲主，以發展會員國的經濟、社會整合以及貿易自由化爲主。南方共同市場便是以CAN爲基礎，鎖定整合南美洲整體市場爲目標。

◆南美洲的自由貿易圈

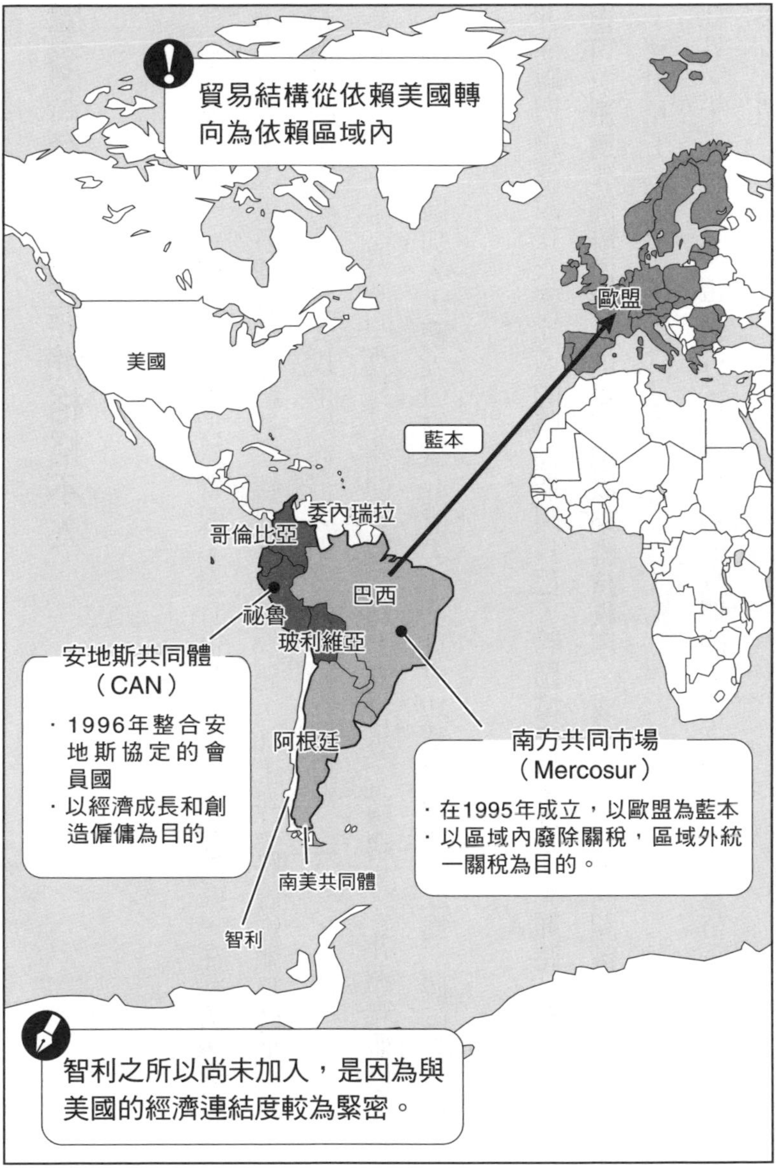
貿易結構從依賴美國轉
向為依賴區域內
美國
藍本
歐盟
委內瑞拉
哥倫比亞
巴西
祕魯
玻利維亞
安地斯共同體
（CAN）
・1996年整合安
地斯協定的會
員國
・以經濟成長和創
造僱傭為目的
阿根廷
南方共同市場
（Mercosur）
・在1995年成立，以歐盟為藍本
・以區域內廢除關稅，區域外統
一關稅為目的。
南美共同體
智利
智利之所以尚未加入，是因為與
美國的經濟連結度較為緊密。

AU（非洲聯盟）

摩洛哥為什麼與非洲格格不入

非洲蘊藏豐富的石油和鑽石等天然資源，還有很多尚未開發的地區，在經濟發展上極具潛力。然而，因爲各種戰爭、飢荒、難民等嚴重問題，加上無法跳脫從殖民時期延續下來仰賴農業的產業結構，長久以來始終苦於深陷嚴峻的經濟情況。

然而二〇〇二年成立的AU（非洲聯盟）爲非洲帶來一線曙光。非洲聯盟目前有五十三個國家和地區加入，總人口高達九億人。一旦成功整合經濟將成爲一個巨大市場，經濟可望大幅成長。

非洲聯盟總部設在衣索比亞的阿迪斯阿貝巴，**若區域內發生戰爭犯罪時，和平・安全理事會可以派遣非洲聯盟獨立的維和部隊來維持秩序**。成功整合經濟的關鍵之一就是弭平糾紛、實現和平，這項功能深具意義。

此外，未來將設立中央銀行，以發行類似歐盟的歐元之類的單一貨幣爲目標，不過目前尚未有具體行動。

◆誕生於非洲的世界最大區域組織

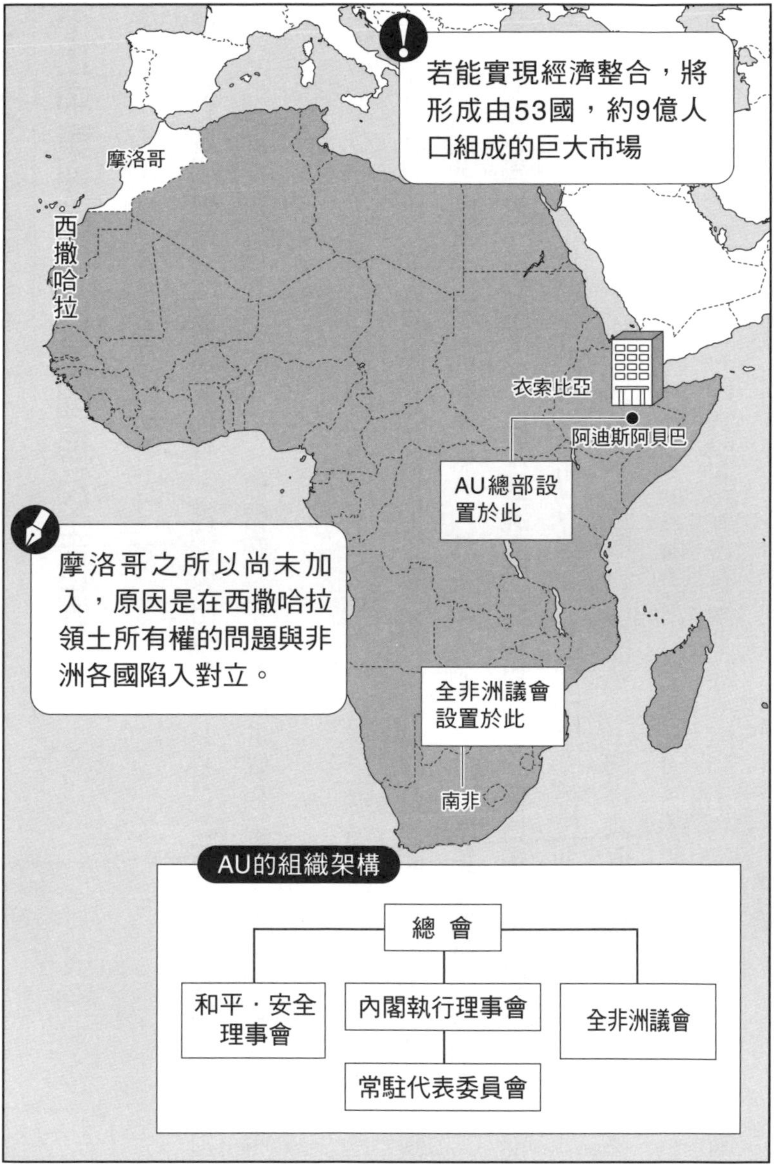
若能實現經濟整合，將形成由53國，約9億人口組成的巨大市場
摩洛哥
西撒哈拉
衣索比亞
阿迪斯阿貝巴
AU總部設置於此
摩洛哥之所以尚未加入，原因是在西撒哈拉領土所有權的問題與非洲各國陷入對立。
全非洲議會設置於此
南非
AU的組織架構
總　會
和平・安全理事會
內閣執行理事會
全非洲議會
常駐代表委員會

OPEC（石油輸出國組織）

不止中東地區！會員國擴及全世界

每當看到新聞播報石油價格波動時，經常會出現「OPEC（石油輸出國組織）」這個名詞。大多數人對這個名詞的印象只停留在「中東的產油國組織」，但究竟會員國有哪些國家，知道的人少之又少。

其實所謂OPEC是指爲了調整石油生產量及價格，以保護出口而形成的國際組織。二〇〇九年共計有十二個會員國。一九六〇年成立時的會員國有伊朗、伊拉克、沙烏地阿拉伯等，以石油蘊藏量約占六成的中東各國爲主。不過，之後在**南美洲的厄瓜多加入後，陸續有非洲的安哥拉、奈及利亞，以及亞洲的印尼紛紛加入，會員國遍及世界各地**。目前OPEC已經不止是中東的產油國家，也有亞洲、非洲的國家陸續加入。

OPEC出現的背景是在一九七〇年代的石油危機，這個組織取代以往壟斷石油市場的石油Majors（編註：歐美跨國石油公司，一般指全球七大石油公司，又稱七姊妹。）一躍成爲石油市場上的主角。雖然曾經有一段時間苦於占有率下降，但到了二〇〇〇年前後在新興國家需求量增加的影響下，再度受到重視，目前企圖再次加強價格控管的能力。

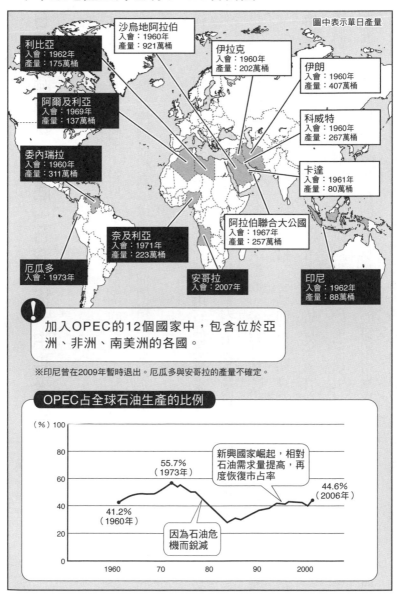

◆中東地區之外也有OPEC會員國

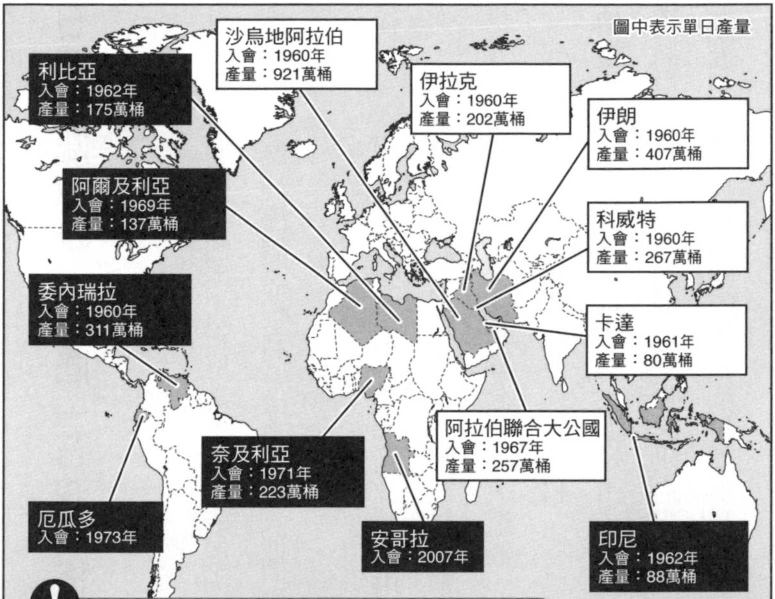
圖中表示單日產量
沙烏地阿拉伯
入會：1960年
產量：921萬桶
利比亞
入會：1962年
產量：175萬桶
伊拉克
入會：1960年
產量：202萬桶
伊朗
入會：1960年
產量：407萬桶
阿爾及利亞
入會：1969年
產量：137萬桶
科威特
入會：1960年
產量：267萬桶
委內瑞拉
入會：1960年
產量：311萬桶
卡達
入會：1961年
產量：80萬桶
阿拉伯聯合大公國
入會：1967年
產量：257萬桶
奈及利亞
入會：1971年
產量：223萬桶
厄瓜多
入會：1973年
安哥拉
入會：2007年
印尼
入會：1962年
產量：88萬桶

加入OPEC的12個國家中，包含位於亞洲、非洲、南美洲的各國。

※印尼曾在2009年暫時退出。厄瓜多與安哥拉的產量不確定。

OPEC占全球石油生產的比例

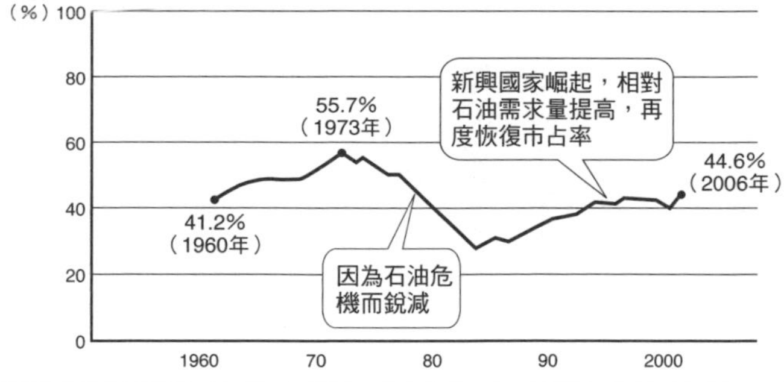
（%）100
80
60
40
20
0
1960
70
80
90
2000
55.7%（1973年）
41.2%（1960年）
44.6%（2006年）
新興國家崛起，相對石油需求量提高，再度恢復市占率
因為石油危機而銳減

石油價格

石油忽漲忽跌，到底「石油價格」由誰來決定？

近年來石油價格高漲，對日常生活造成很大的影響，經常看到加油站大排長龍，或是航空運費因爲燃油漲價而提高。不過，石油價格到底是由誰決定，又是怎麼訂定出來的呢？

從日本人的角度來看，很容易想到油價是由石油蘊藏量豐富的中東國家來決定的，其實不然。加入ＯＰＥＣ的中東產油國確實有影響力，但**掌握價格決定權的還是美國市場**。

世界石油市場從原產國石油公司到大盤商、金融機構、投資人等，聚集來自各種領域的人。然後以需求和供給的關係決定價格，交易則是以期貨方式，並非現貨買賣，也就是說，價格的決定不是以實際貨物，而是由未來產品的交易情況來決定。

幾個指標性的市場分別是美國的紐約市場、以東京爲中心的亞洲市場，還有倫敦市場等的歐洲市場，但做爲國際指標的是交易量較大的紐約市場ＷＴＩ（產於德州的品牌「西德州中級石油」）。因此，若ＷＴＩ價格上漲，其他市場的石油價格也隨之上漲。

◆決定石油價格的三大市場

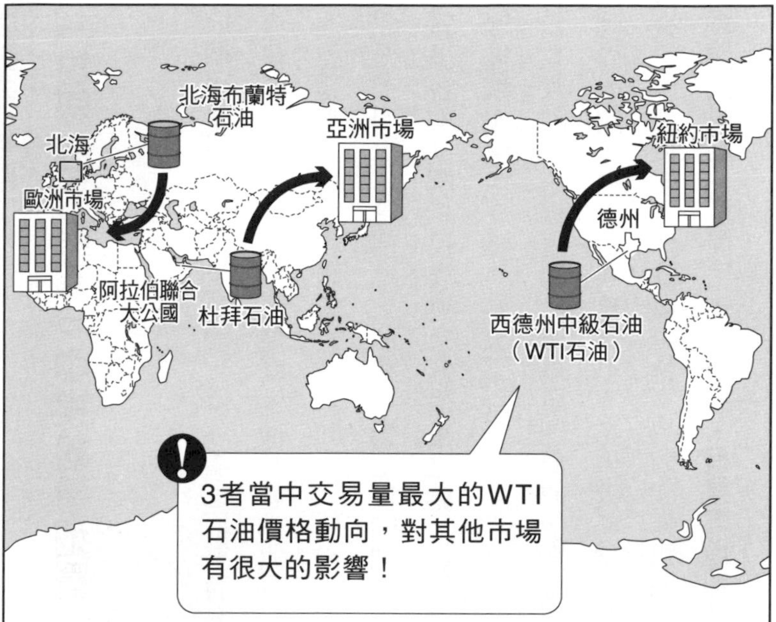
北海布蘭特
石油
北海
歐洲市場
亞洲市場
紐約市場
德州
阿拉伯聯合
大公國
杜拜石油
西德州中級石油
（WTI石油）
3者當中交易量最大的WTI
石油價格動向，對其他市場
有很大的影響！

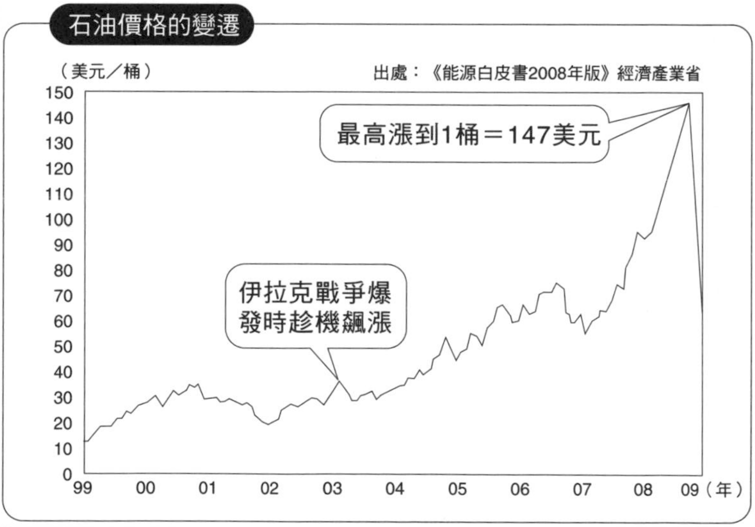
石油價格的變遷
（美元／桶）
出處：《能源白皮書2008年版》經濟產業省
150
140
130
120
110
100
90
80
70
60
50
40
30
20
10
0
99
00
01
02
03
04
05
06
07
08
09（年）
最高漲到1桶＝147美元
伊拉克戰爭爆
發時趁機飆漲

◎經濟糾紛地圖7

「世界的火藥庫」中東紛爭地圖

一個國家能保有多少石油，就經濟上而言會有完全不同的結果。全球石油蘊藏量在二〇〇六年年底時有一六四五億噸，而且超過六〇%都在中東地區。維持從中東各國穩定進口石油的態勢，成爲各國政府背負的重大使命。

然而，中東本身卻是一個缺乏穩定性的地區，甚至有「世界的火藥庫」之稱。由於中東地區是各種文明、民族與宗教匯集之處，從第二次世界大戰結束後至今仍紛爭不斷，問題至今堆積如山。

猶太人的國家以色列之所以與四周的伊斯蘭國家對立，原因雖然是列強國單方面強硬畫出國界所致，但以色列建國至今超過六十年，還是沒有找出解決的方向。即使同爲伊斯蘭國家，像遜尼派和什葉派這種宗教的差異也成爲衝突的隱憂，使得中東情勢日趨複雜。

經濟活動的「血脈」——石油，很諷刺地卻在世界最危險的地方蘊藏最多。

◆一波未平一波又起的中東糾紛

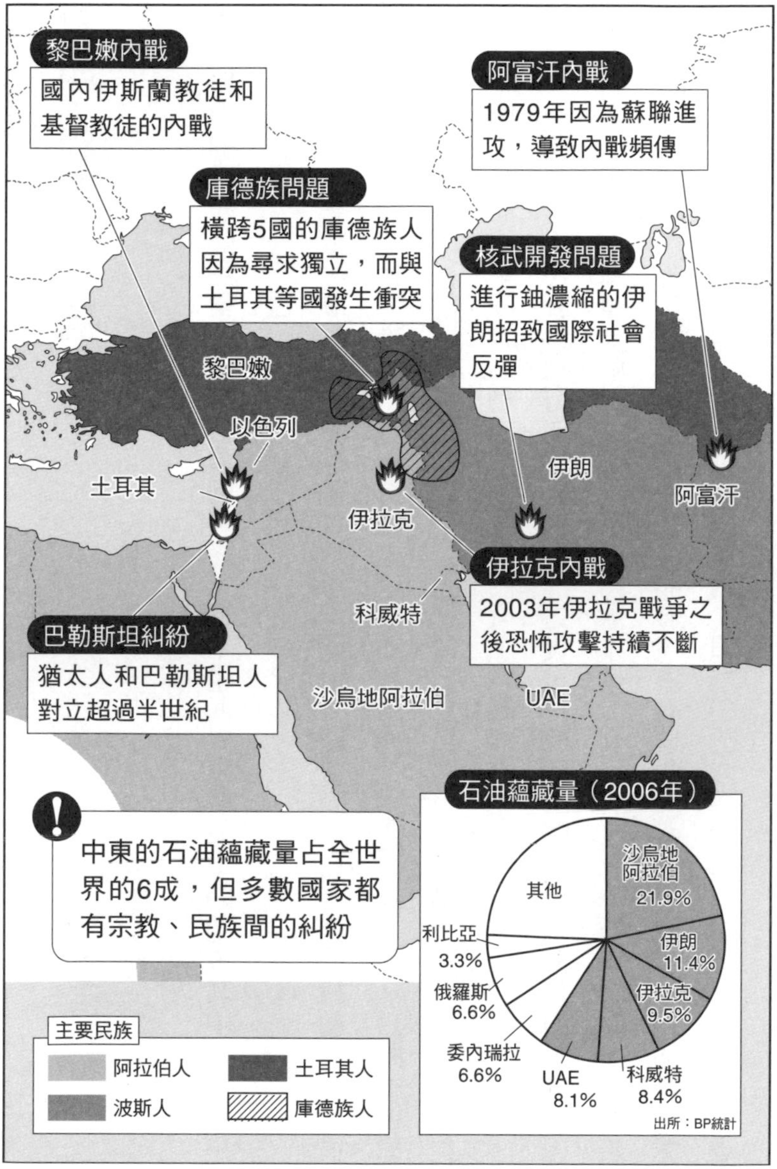
黎巴嫩內戰
國內伊斯蘭教徒和基督教徒的內戰
阿富汗內戰
1979年因為蘇聯進攻，導致內戰頻傳
庫德族問題
橫跨5國的庫德族人因為尋求獨立，而與土耳其等國發生衝突
核武開發問題
進行鈾濃縮的伊朗招致國際社會反彈
黎巴嫩
以色列
土耳其
伊拉克
伊朗
阿富汗
伊拉克內戰
2003年伊拉克戰爭之後恐怖攻擊持續不斷
科威特
巴勒斯坦糾紛
猶太人和巴勒斯坦人對立超過半世紀
沙烏地阿拉伯
UAE
石油蘊藏量（2006年）
其他
沙烏地阿拉伯 21.9%
伊朗 11.4%
伊拉克 9.5%
科威特 8.4%
UAE 8.1%
委內瑞拉 6.6%
俄羅斯 6.6%
利比亞 3.3%
出所：BP統計
中東的石油蘊藏量占全世界的6成，但多數國家都有宗教、民族間的糾紛
主要民族
阿拉伯人
土耳其人
波斯人
庫德族人

◎經濟糾紛地圖8

竹島、釣魚台群島之爭

領土紛爭的問題必定會牽扯到經濟的利益。日本也面對幾個領土問題，其中一個就是竹島（譯註：韓國稱爲「獨島」）的所有權之爭。

竹島位於日本島根縣沿海，是漂浮在日本海一個斷崖絕壁的小島。就連船舶靠岸都很困難，但周邊海域能捕獲大量的鮑魚和海螺。日本和韓國爲了這座竹島，從江戶時代就陷入對立。話雖如此，倒也沒演變成大問題，兩國漁民各自使用，倒也相安無事。即使在一九〇五年明治政府決定將竹島納入島根縣境內時，問題尚不見白熱化。

但是，一九九六年在聯合國海洋法公約批准之後，日韓兩國開始出現激烈的對立。因爲公約中明定「距離本國領土兩百海里爲專屬經濟水域（EEZ）」。換句話說，只要將竹島納入自己國家的領土，就能獲得優先權去開發周邊海域的漁業及天然資源。關於漁業問題，已經在一九九八年的暫定措施中達成協議，但二〇〇六年韓國對試圖進行海洋調查的日本堅持行使武力，使得雙方又陷入緊張狀態。

日中台皆主張擁有領土權的釣魚台群島

日本還牽涉其他經濟利益糾紛的領土問題，因爲東海上的釣魚台群島與中國、台灣之間發生對立。

釣魚台群島總面積加起來只是一公頃左右的岩礁。日本在一八九五年不顧其他國家抗議，強行將釣魚台群島納入沖繩縣境內。之後因爲日本在太平洋戰爭落敗，曾暫時交由美國管理，直到一九七二年又和沖繩一起歸還日本。

中國和台灣對此反駁，認爲這樣的歷史背景只不過是日本單方面的主張。兩者開始主張領土權的轉機是從一九六八年在周邊海域發現可能蘊藏石油及天然氣。中國從一九七一年起開始主張領土所有權，一九九二年中國領海法宣布其爲本國領土。此外還劃出一條異於日本的ＥＥＺ，更進一步單方面著手開發天然氣田。

日本希望以和平解決這個問題，暫時採取擱置的態度。然而在尙未找到解決方案之前，卻得面對中國持續開發天然氣田的現況。究竟是否能找到順利解決的方法呢？

◆牽涉石油．天然氣資源的釣魚台群島問題

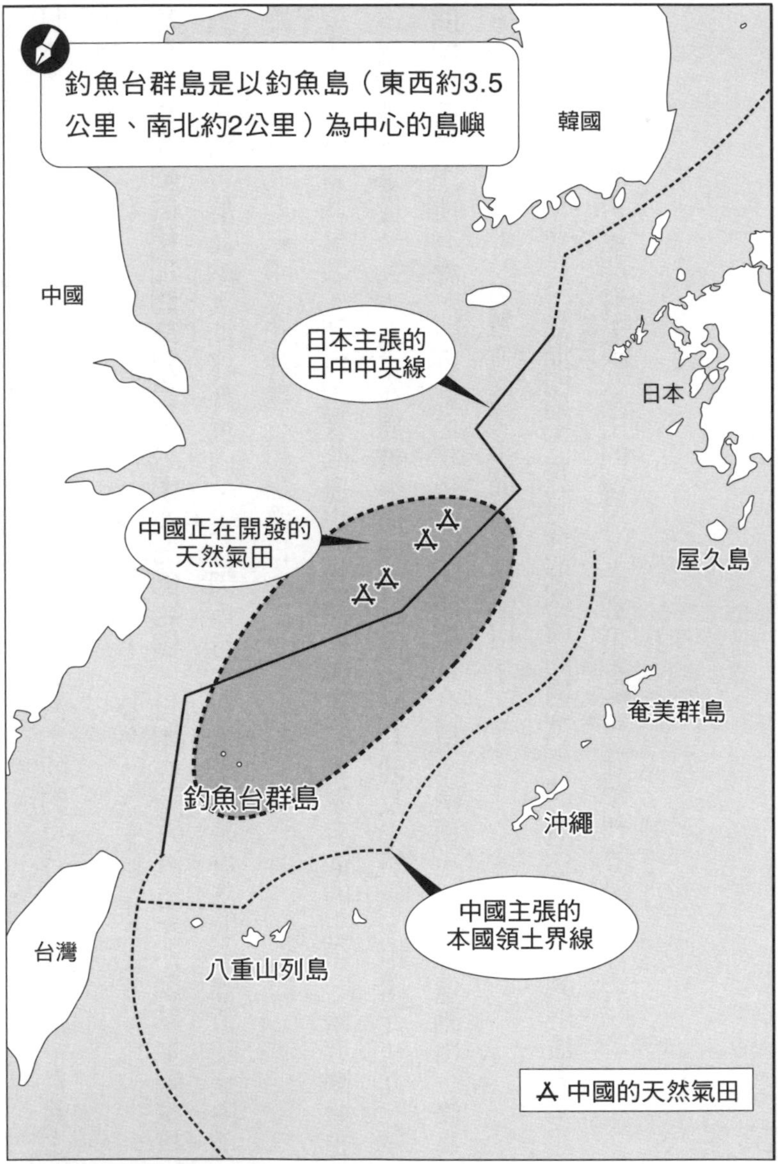
釣魚台群島是以釣魚島（東西約3.5公里、南北約2公里）為中心的島嶼
韓國
中國
日本主張的
日中中央線
日本
中國正在開發的
天然氣田
屋久島
奄美群島
釣魚台群島
沖繩
中國主張的
本國領土界線
台灣
八重山列島
中國的天然氣田

◆牽涉專屬經濟水域的竹島問題

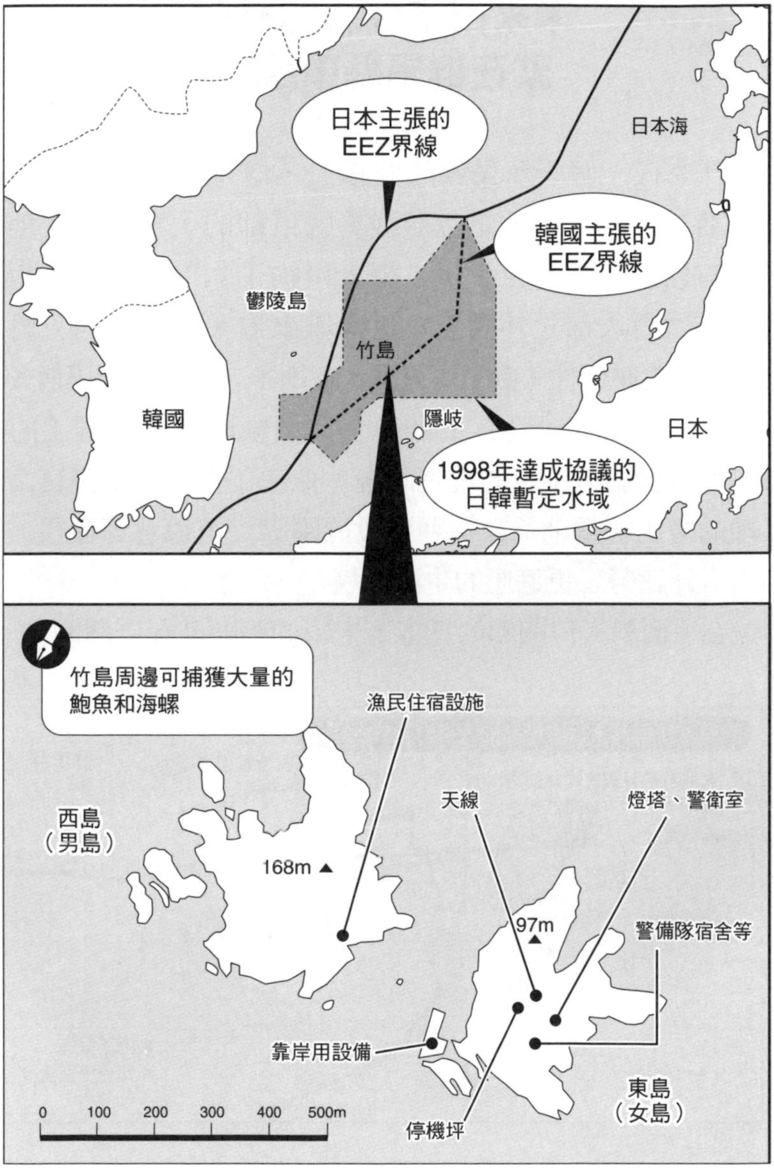
日本主張的
EEZ界線
日本海
韓國主張的
EEZ界線
鬱陵島
竹島
韓國
隱岐
日本
1998年達成協議的
日韓暫定水域
竹島周邊可捕獲大量的
鮑魚和海螺
漁民住宿設施
西島
（男島）
168m
天線
燈塔、警衛室
97m
警備隊宿舍等
靠岸用設備
東島
（女島）
停機坪
0
100
200
300
400
500m

專欄

用地圖解讀！日本經濟祕辛 4

未來日本經濟的縮圖就在群馬縣東部！

日本有一個「多民族的城鎮」，該地區居民每六位就有一名是外國人，就是位於群馬縣東部的大泉町。當地居民約有四萬一千七百人，占總人口約十六%，也就是相當於六千六百人都是外國人。以國家來看，日裔巴西人將近七十%，占壓倒性多數，可以說走在街上一定會遇到巴西人。

這是由於當地設有工廠的企業積極聘用外籍勞工的結果。考量勞動力不足的現實狀況，似乎不得不聘用來自南美等地的勞工。當地行政機關還設置國際交流協會等機構，打造出令外籍勞工更適應的生活環境。

必須面對人口問題的日本，未來的縮圖就在這個地方。

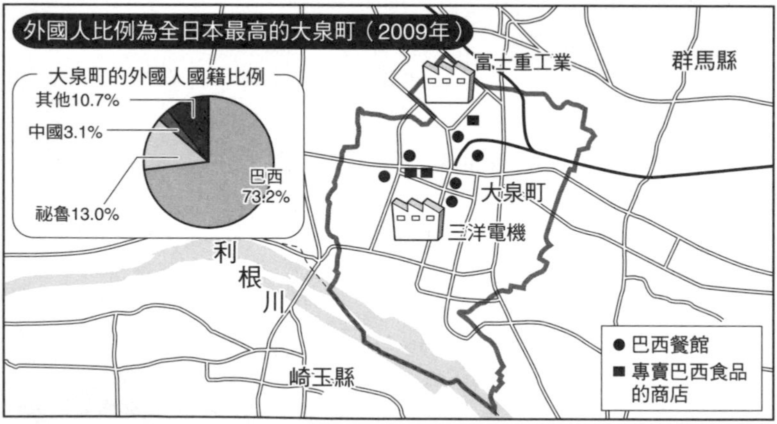

外國人比例為全日本最高的大泉町（2009年）
大泉町的外國人國籍比例
其他10.7%
中國3.1%
祕魯13.0%
巴西 73.2%
富士重工業
群馬縣
大泉町
三洋電機
利根川
崎玉縣
● 巴西餐館
■ 專賣巴西食品的商店

第5章 【金融】

從財經新聞「能得知」的金融內行話

◎解除對金融問題的不安與疑惑！

次級房貸問題

從「世界股價暴跌的地圖」觀察金融風暴

金融危機總是在水面下進展，然後突如其來大爆炸（有這種感覺）。二〇〇七年美國發生的房貸問題，對投資基金及金融機構造成龐大損失，原先狀況良好的美國經濟和股市也連帶衰退。金融風暴波及世界各地，「美股」狂跌牽動歐洲和亞洲股市也隨之下跌，一場動搖世界經濟的危機就此爆發。

被指爲罪魁禍首的次級房貸，到底是什麼呢？

次級房貸（Subprime mortgage）簡單說就是相對於優級房貸（Prime mortgage）的次一階層，也就是提供給信用度較差的低所得者房屋貸款。一般來說，這些人即使到金融機構申請貸款，通常也會在事前審查階段就被打回票。但次級房貸的審核標準非常寬鬆，即使後續利息較高，但剛開始的一、兩年可以用低利借貸。「現在只要在銷售文件上簽名，就能輕鬆擁有自己的家」在這類行銷用語之下，幾百萬美國人就這樣申辦了超過自身償還能力的荒謬貸款。**次級房貸急速成長，占房屋貸款的七至八%**。

銷售到全世界的次級房貸

話說回來，爲什麼要對低所得者大量放款呢？

事實上，美國因爲長期低利政策等推波助瀾下，二〇〇〇年左右開始掀起一波住宅潮。加上當時總統布希爲了獎勵國民擁有自宅，想出低所得者也能申辦房貸的金融交易手法。最後成形的結果就是次級房貸，融資公司便以甜言蜜語推銷房貸。

此外，銷售次級房貸的不僅融資公司，**大型金融業者也將其納入金融商品之一，推銷給全世界的金融機構和投資人**。

次級房貸在第三年起利率就會急遽上升，倘若房價也持續上漲就比較不會出問題。因爲購買的房屋擔保價格也會隨之提高，只要更換成一般房貸，即使是低所得者也償還得起。

然而，二〇〇七年美國的房價跌落谷底，導致還不起貸款的人越來越多。次級房貸成了不良債券，金融商品也隨之成爲不良債券，全世界產生了龐大的不良債券，以致銀行開始緊縮放款，這些影響的不僅是金融界，還擴及全世界。這就是次級房貸問題的始末。

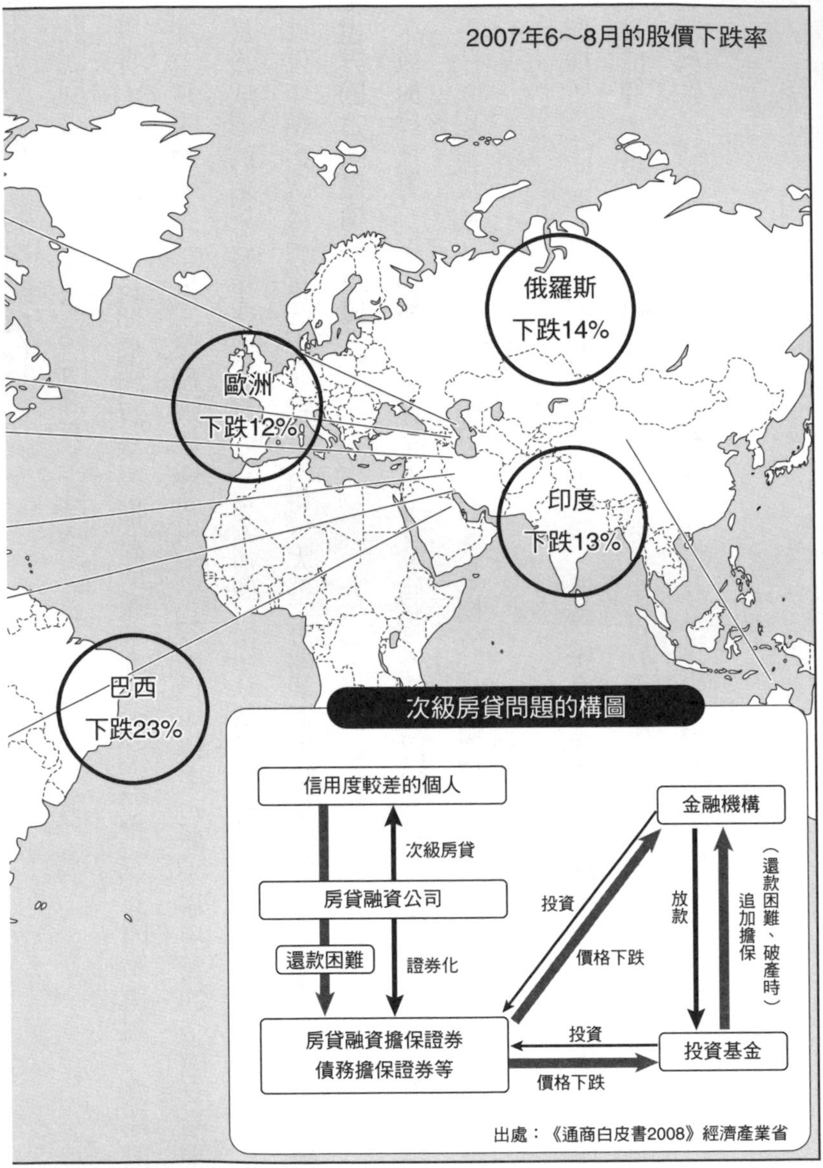
2007年6～8月的股價下跌率
俄羅斯
下跌14%
歐洲
下跌12%
印度
下跌13%
巴西
下跌23%
次級房貸問題的構圖
信用度較差的個人
次級房貸
房貸融資公司
還款困難
證券化
房貸融資擔保證券
債務擔保證券等
金融機構
投資
價格下跌
放款
追加擔保
（還款困難、破產時）
投資基金
投資
價格下跌
出處：《通商白皮書2008》經濟產業省

◆次級房貸問題同時造成全球股價下跌

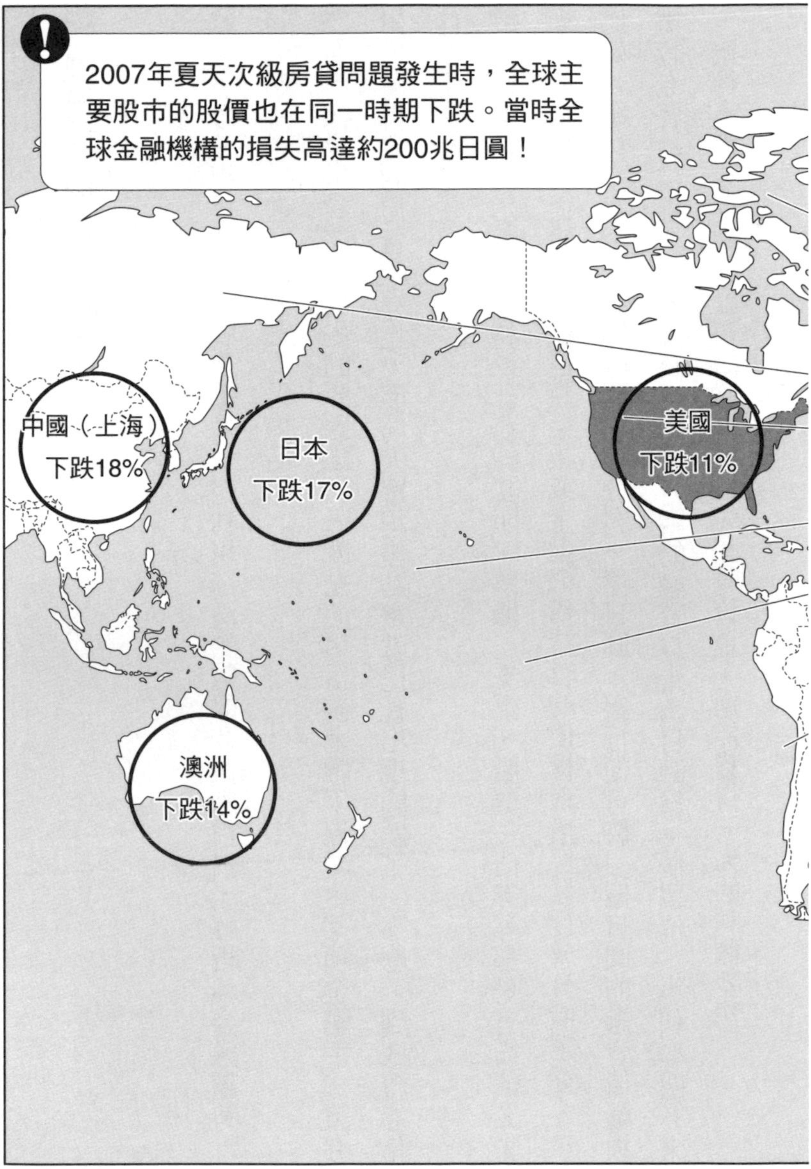

證券化

將風險隱形化的騙術

聽過金融工程這個名詞嗎？這是一門利用高深的數學及電腦程式，解析「金融趨勢」的學問，期待能促進日後金融業更加活絡。

然而，次級房貸問題發生的原因之一，就是使用這套金融工程產生某項金融手法證券化。對低所得者的房貸證券化，而向大眾銷售其實就已經出現問題了。那麼，到底證券化又是什麼手法呢？

證券原本指的是載定權利或義務的證明。票據、支票、股票、債券等都是有價債券表示財產上的價值。而證券化就是將企業或金融機構持有的債權或債券發行成有價證券。

例如，銀行以年利率五％融資給某公司一億日圓，銀行便可將一億日圓的融資債權換成有價證券賣給投資人。如果將這一億日圓的融資以十萬日圓爲一個單位，年利率四％來銷售，銀行不需要等到該公司償還就可以先回收資金，還能獲得一％的利潤差額。

◆證券化的架構

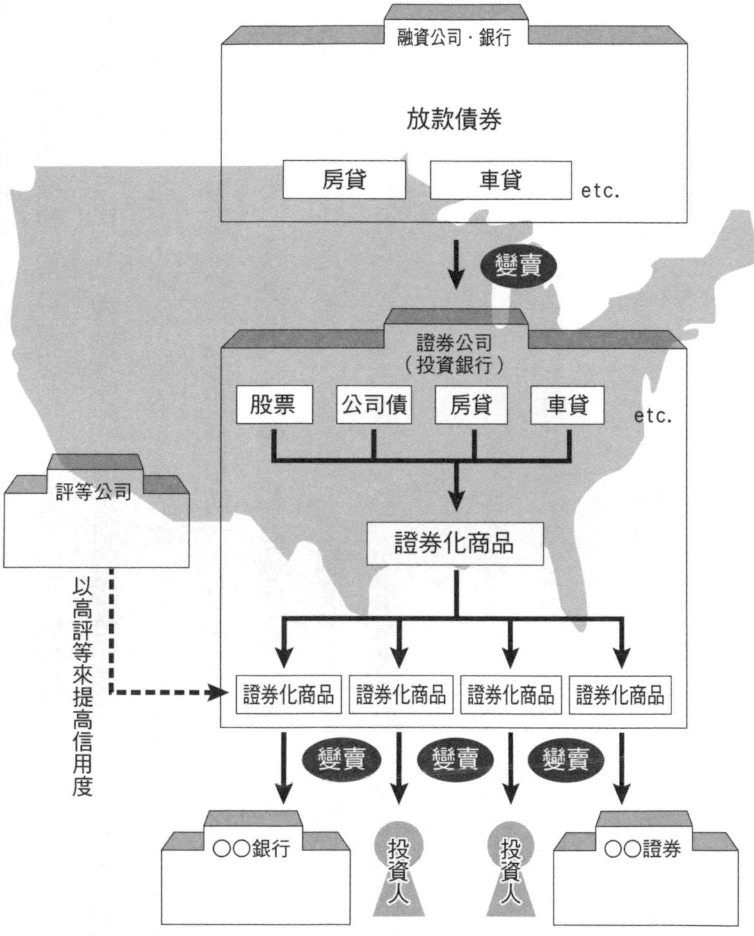
融資公司・銀行
放款債券
房貸
車貸
etc.
變賣
證券公司
（投資銀行）
股票
公司債
房貸
車貸
etc.
證券化商品
評等公司
以高評等來提高信用度
證券化商品
證券化商品
證券化商品
證券化商品
變賣
變賣
變賣
○○銀行
投資人
投資人
○○證券

因為證券化的緣故，一般人都很難看出風險。

●分散風險以失敗收場

次級房貸問題的根源「房貸證券化」，是先由金融機構整合小筆房貸，分割之後再和車貸、股票、公司債等組合，**轉換成另一種全新的證券銷售給投資人或其他金融機構**。

整個針對個人的融資，再加以證券化，因此：①一次全部變成呆帳的機率極低，金融機構能分散風險；②分割之後可以設定低單價，容易銷售；③低風險加上評等機構給予高評價，更有促銷的效果。就這樣，**「危機」都潛藏在水面之下**。

能藉由證券化得到許多好處的金融機構，以調度資金爲目的，積極推銷金融化商品，投資人也紛紛買進。結果造成美國房價從二〇〇四年春天上漲至前一年的兩倍，房市不斷泡沫化。

然而，最後泡沫卻完全瓦解。房屋擔保價值迅速下跌，次級房貸欠繳・拖繳的狀況層出不窮，很多貸款人的房子都遭到查封。原本應該用來發展金融技術的金融工程，很諷刺地居然導致經濟緊縮。

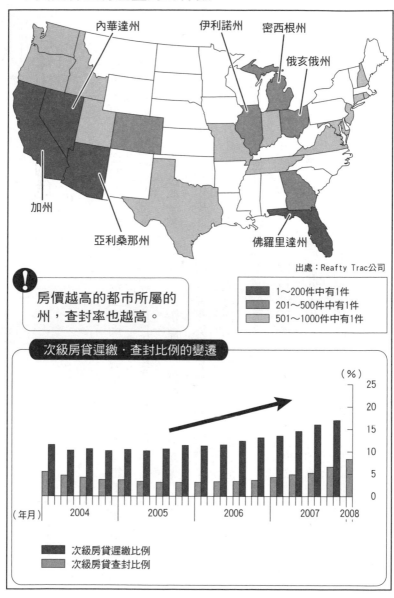

◆美國各洲房屋查封的件數

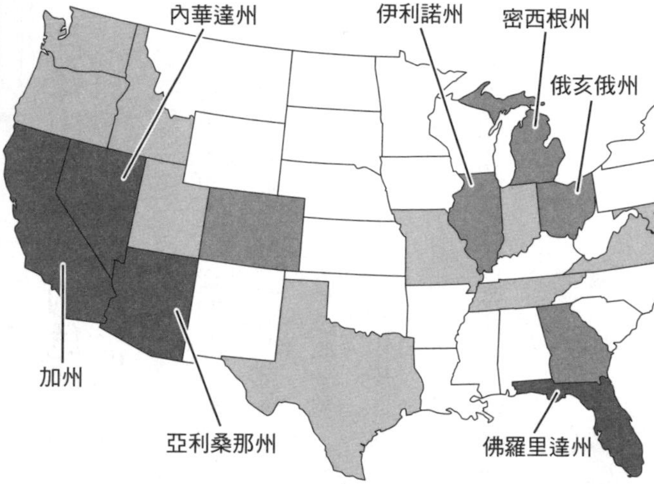
內華達州
伊利諾州
密西根州
俄亥俄州
加州
亞利桑那州
佛羅里達州

出處：Reafty Trac公司

房價越高的都市所屬的州，查封率也越高。

- 1～200件中有1件
- 201～500件中有1件
- 501～1000件中有1件

次級房貸遲繳・查封比例的變遷

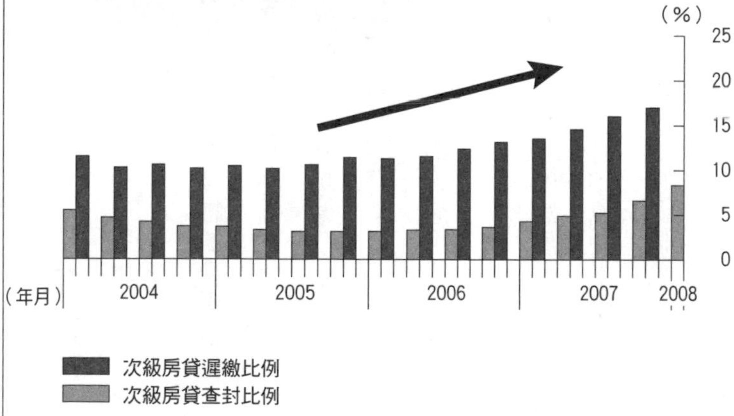
(%)
25
20
15
10
5
0
(年月)
2004
2005
2006
2007
2008
次級房貸遲繳比例
次級房貸查封比例

金融危機

一百年出現一次的危機

二〇〇八年，次級房貸問題演變到最後甚至成爲「百年一次」全球性的金融危機。背負著高額債務的美國大型證券商雷曼兄弟（Lehman Brothers Holdings Inc.）在同一年九月宣告破產，歐美金融市場在這波衝擊下陷入一片混亂，金融緊縮的狀況遍及全世界。投資和消費相偕踩煞車，整個金融市場面臨瓦解，全世界籠罩在不景氣的蔭影之下。

這時候經常有人會比較金融危機和經濟大恐慌的類似之處。經濟大恐慌大約在八十年前的美國所蔓延開來的大恐慌，這兩件事究竟有哪些相似處呢？

經濟大恐慌始於一九二九年十月二十四日。首先是紐約股市的股價暴跌，美股股價慘跌到前一個月的一半，一週內損失三百億美元，相當於當時美國政府預算的十倍。股價持續下跌到一九三三年左右，當時的GDP減半，國內半數銀行破產，每四個人之中就有一人失業，情況慘不忍睹。當時嚴重不景氣也波及全世界，在日本同樣發生昭和恐慌，失業率超過二〇％，許多人因爲遭遇到這波經濟危機，甚至連求得溫飽都很不容易。

恐慌必定發生在泡沫之後

一九二九年的經濟大恐慌和次級房貸問題衍生的金融危機，兩者第一個相同點就是導火線皆爲泡沫瓦解。

經濟大恐慌是美國從一九二〇年代中期掀起一波股票投機熱潮，股價在大暴跌之前的五年期間上漲了將近五倍。二〇〇八年的金融危機也一樣，前面曾提及在危機爆發前一年出現房市的泡沫經濟。

此外，泡沫瓦解的其中一項原因，是相當於美國中央銀行的FRB（聯邦準備理事會，簡稱「聯準會」）在抑制景氣過熱的目的下，採取取締金融的行動。這也是兩者的共同點。

只不過，這兩起事件中對危機的因應不同。經濟大恐慌發生時並未採取彈性政策，直到當時的羅斯福總統積極實行金融政策時，已經過了將近三年，也讓損害相繼擴大。

然而，金融危機爆發之後，各國立即展開國際協調，迅速應對這場金融風暴。在美國，大型金融機構及汽車公司面臨存亡危機，歐洲也有金融機構損失不斷蔓延，餘波震盪全世界。各國政府有的投入政府資金，有些召開金融高峰會，配合彼此步調試圖一起度過這個歷史上的危機。

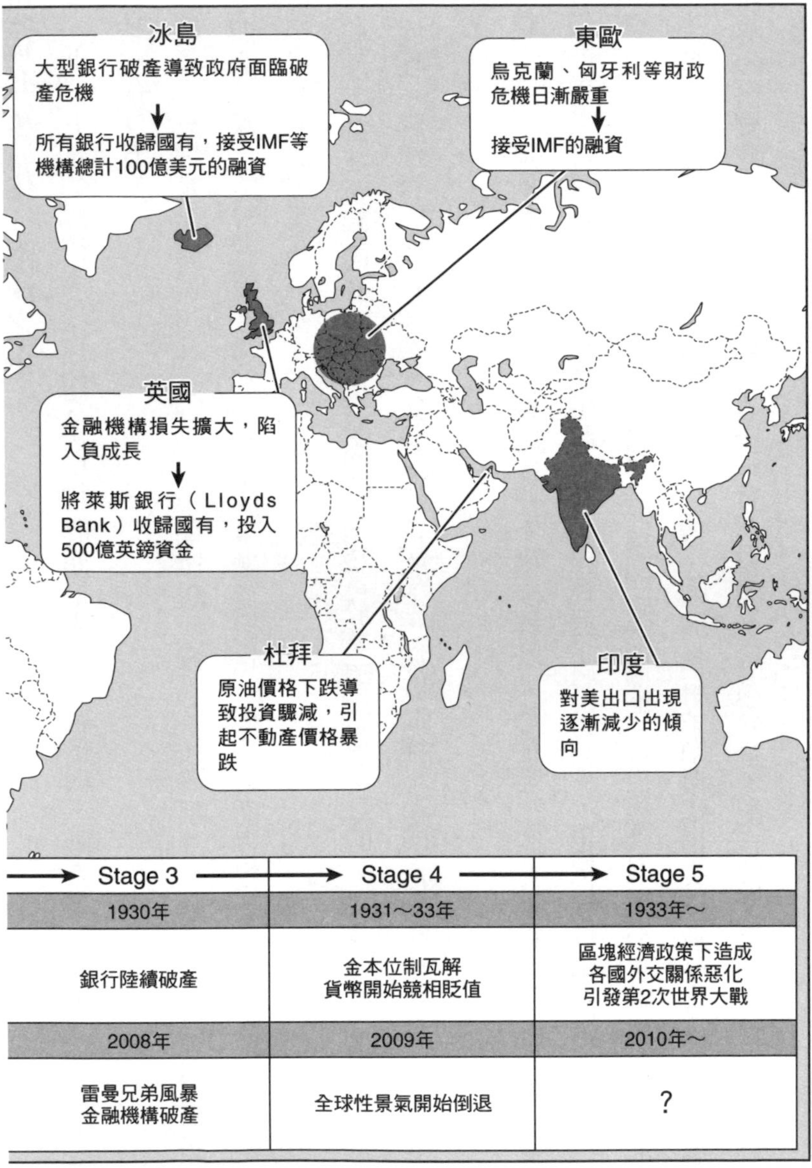
冰島
大型銀行破產導致政府面臨破產危機
所有銀行收歸國有，接受IMF等機構總計100億美元的融資
東歐
烏克蘭、匈牙利等財政危機日漸嚴重
接受IMF的融資
英國
金融機構損失擴大，陷入負成長
將萊斯銀行（Lloyds Bank）收歸國有，投入500億英鎊資金
杜拜
原油價格下跌導致投資驟減，引起不動產價格暴跌
印度
對美出口出現逐漸減少的傾向

→ Stage 3	→ Stage 4	→ Stage 5
1930年	1931～33年	1933年～
銀行陸續破產	金本位制瓦解 貨幣開始競相貶值	區塊經濟政策下造成 各國外交關係惡化 引發第2次世界大戰
2008年	2009年	2010年～
雷曼兄弟風暴 金融機構破產	全球性景氣開始倒退	?

◆金融危機對各國的影響及其對策

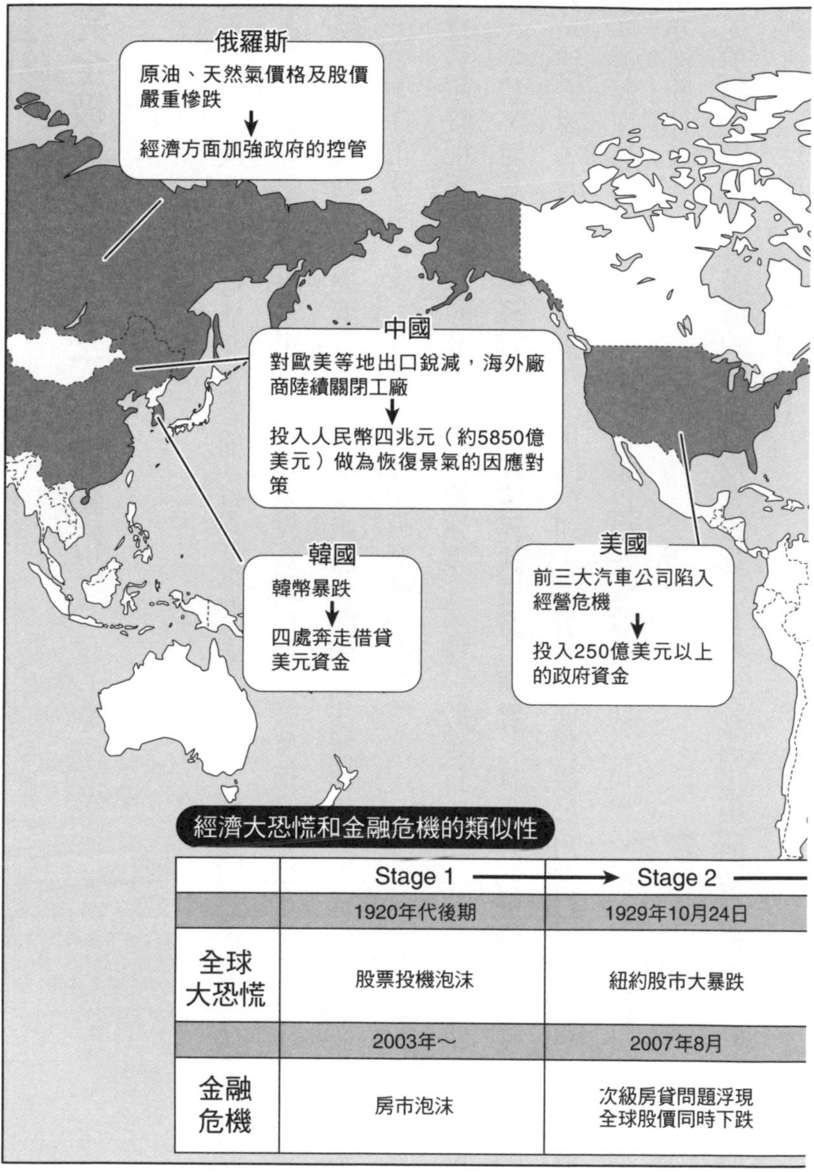
俄羅斯
原油、天然氣價格及股價嚴重慘跌
↓
經濟方面加強政府的控管
中國
對歐美等地出口銳減，海外廠商陸續關閉工廠
↓
投入人民幣四兆元（約5850億美元）做為恢復景氣的因應對策
韓國
韓幣暴跌
↓
四處奔走借貸美元資金
美國
前三大汽車公司陷入經營危機
↓
投入250億美元以上的政府資金

經濟大恐慌和金融危機的類似性

	Stage 1 →	Stage 2 →
	1920年代後期	1929年10月24日
全球大恐慌	股票投機泡沫	紐約股市大暴跌
	2003年～	2007年8月
金融危機	房市泡沫	次級房貸問題浮現 全球股價同時下跌

投資銀行

完全被消滅的「五大投資銀行」

在二〇〇八年金融危機發生之前，掌控世界金融中心華爾街的就屬雷曼兄弟和美林（Merrill Lynch）兩大投資銀行。近年來投資銀行招募許多擅長金錢遊戲的人才，以大筆借款轉投資的業務而快速成長，但因為次級房貸問題無法繼續借貸，導致經營惡化。在雷曼兄弟率先宣布破產之後，五大銀行也全數遭到「消滅」。

投資銀行簡單說就是證券公司的一種類型。不像一般銀行（商業銀行）或證券公司開放個人交易，而是**以企業為對象，主要業務就是資金調度、M&A（併購）方面的建議與仲介**。比方說，有個需要投資新設備的公司，投資銀行便對該公司進行財務分析，提出發行股票等最理想的資金調度方法。如果以M&A收購其他公司比較好，投資銀行也會扮演居中交涉的仲介。

從華爾街的掌控者淪落到谷底的投資銀行，有些已經露出復活的徵兆。或許在他們的字典裡沒有「反省」這個名詞吧！

◆席捲華爾街的投資銀行

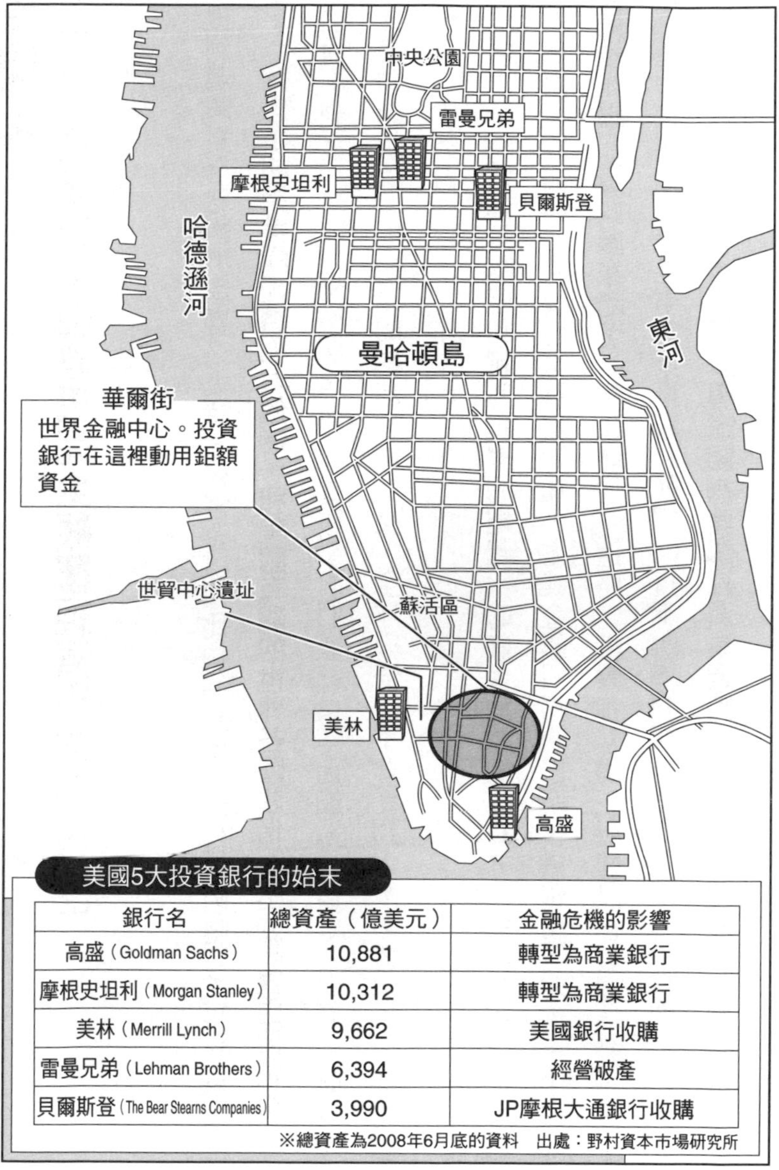

美國5大投資銀行的始末

銀行名	總資產（億美元）	金融危機的影響
高盛（Goldman Sachs）	10,881	轉型為商業銀行
摩根史坦利（Morgan Stanley）	10,312	轉型為商業銀行
美林（Merrill Lynch）	9,662	美國銀行收購
雷曼兄弟（Lehman Brothers）	6,394	經營破產
貝爾斯登（The Bear Stearns Companies）	3,990	JP摩根大通銀行收購

※總資產為2008年6月底的資料　出處：野村資本市場研究所

脫鉤理論

二〇〇八年的金融危機完全顛覆經濟學的「常識」

提到美國對全球經濟影響之大時，經常會這樣比喻「只要美國打個噴嚏，全世界就要感冒了。」意思是如果**美國經濟陷入低迷，和美國有關的世界各國惡化的狀況將會更加嚴重**。

然而，到二〇〇八年初期之前，經濟學家們盛行另一種顛覆的思考方式（脫鉤理論）。換句話說：「即使美國經濟減緩成長，全球經濟也不會受到太多影響」以這樣的意見展現另一股勢力。

這個想法的背景是歐盟和新興國家的崛起。的確，歐盟的GDP（國內生產毛額）已經超過美國，新興國家的實力也持續增加，尤其金磚四國的巴西、俄羅斯、印度、中國的發展更是亮眼。這些國家隨著工業化發展，道路、港灣等基礎工程建設已發展完備，爲了提高生產力也開始積極從事企業投資。就如同日本所說的進入高度經濟成長時期。

就上述種種條件，**因此不少專家認為美國經濟衰退時，將會由歐盟和新興國家撐起世界經濟**。

美國經濟依舊強勢

此外，美國經濟的結構性問題也成爲美國打消與世界連動性的依據。過去的美國雖然身爲全世界最大貿易逆差國，依舊從其他國家進口很多商品。這使得世界各國出口成長，景氣好轉。然而，美國開始不再增加貿易赤字，被迫必須彌補這些赤字。於是，有人提出接下來是否將由後勢持續看好的新興國家肩負起以往美國扮演的角色。

然而，目前支持這個想法的聲音逐漸平息。因爲二〇〇七年美國爆發的次級房貸問題，以及二〇〇八年的金融危機，對世界各國的經濟都造成實質上的影響。看看地圖就能了解，在金融危機前後世界各國的經濟成長率呈現一片低迷。其中雖然中東地區出現正成長，但那只不過是受到石油輸入順差高漲的影響。

無論新興國家在持續高度成長下變得再怎麼富庶，畢竟還是無力取代美國。美國經濟動向未來依舊將影響全世界。

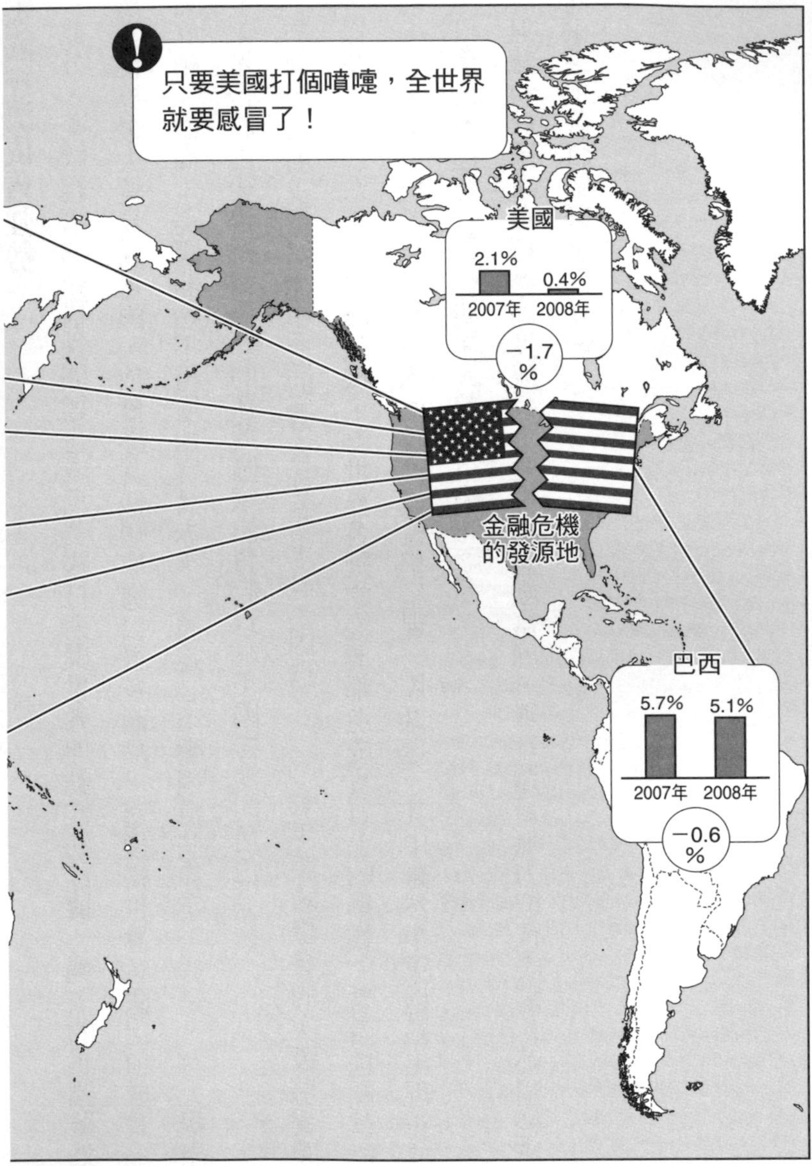
只要美國打個噴嚏，全世界就要感冒了！
美國
2.1%
0.4%
2007年 2008年
－1.7%
金融危機的發源地
巴西
5.7%
5.1%
2007年 2008年
－0.6%

◆金融危機前後的各國經濟成長率

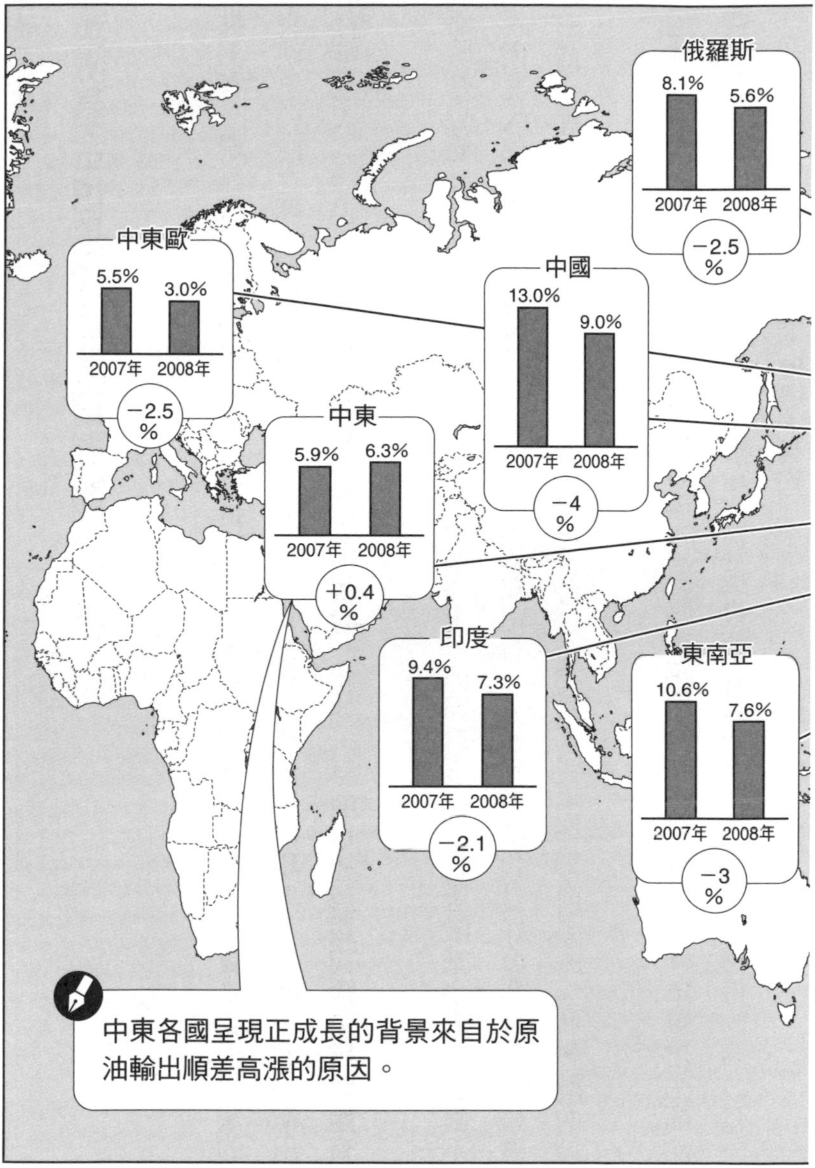

避險基金

避險基金也是次級房貸問題的黑手

世上有一群具有破壞一國經濟能力的投資組織，就是避險基金。以投資來動搖國家的這種說法，一時之間似乎難以置信，實際上一九九〇年在亞洲、俄羅斯、中南美洲相繼出現的貨幣危機，據說一部分就是避險基金所引起的。此外，目前也知道**與次級房貸問題有關**。

避險基金總計有超過一兆美元在全世界運作中，但因爲幾乎所有避險基金的內容都不公開，因此大部分實際狀況皆不透明。大家只知道證券公司裡由績效良好專業經理人來擔任避險基金經理人，向資本家及企業投資人募集大型資金，以作爲高風險、高報酬的投資。

這些人擅長的手法之一就是槓桿原理。避險基金就是利用期貨交易等金融衍生商品（derivatives），就能以少量的資金實現同樣與投資大量資金作爲基礎而獲得的高收益。運用這項手法而期待高風險下換得大獲利。

◆避險基金「賺錢」的流程

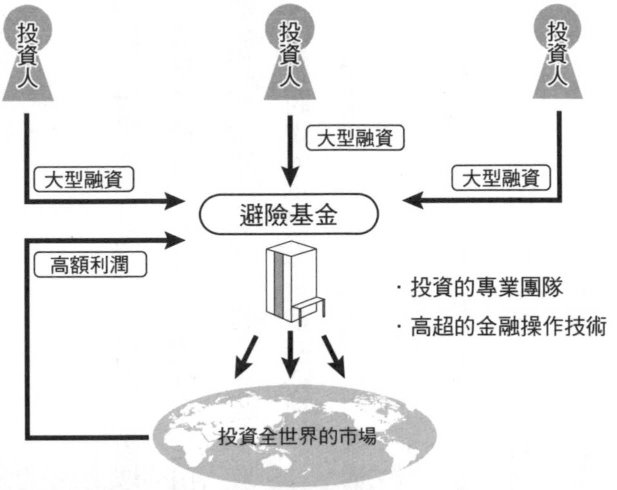
投資人
投資人
投資人
大型融資
大型融資
大型融資
避險基金
高額利潤
· 投資的專業團隊
· 高超的金融操作技術
投資全世界的市場

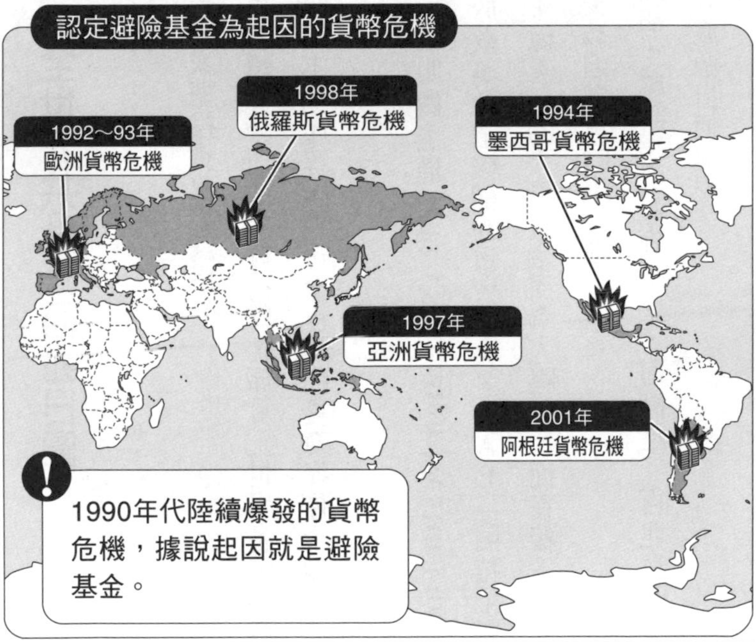
認定避險基金為起因的貨幣危機
1998年
俄羅斯貨幣危機
1994年
墨西哥貨幣危機
1992～93年
歐洲貨幣危機
1997年
亞洲貨幣危機
2001年
阿根廷貨幣危機
1990年代陸續爆發的貨幣危機，據說起因就是避險基金。

主權基金

推算主權基金所運作的金額，全世界共計三百兆日圓

各國政府操作鉅額資金，以進一步提高國家總投資收益為目的。

一般提到投資，大部人聯想到的是由民營證券公司或銀行操作，事實上世界各國的政府也開始運用本國政府資金投入證券、股票及不動產等，進行全世界的投資操作。現在已經進入**以政府規模來操作資金的時代**。

像這樣由政府主導成立的投資機構，就叫做主權基金（Sovereign Wealth Fund, SWF）。當初面臨次級房貸問題時，相對於歐美金融機構的重大損失，UAE（阿拉伯聯合大公國）和中國的主權基金還能出資幾十億美元的大筆資金而令人矚目。而在接下來的金融危機中，各國的主權基金也紛紛對歐美被迫增資的銀行進行出資。

推測世界各國運用主權基金的操作金額，總計超過避險基金，而高達三百兆日圓之多。因此才能參與重大投資，但這些資金到底源自何處呢？

●因爲「美元貶值」，日本也傾向成立主權基金

主權基金有兩種類型，一種是原物料型，另一種則是外匯型。原物料型主權基金就是以石油等資源爲基礎的資金來成立，具代表性的例子就是阿布達比投資局、沙烏地阿拉伯投資局、挪威政府退休基金等。另一方面，外匯型主權基金則是以外匯儲備盈餘做爲資金而成立，中國投資有限責任公司就是這個類型的代表。

其中後勢最看好的就是**產油國的主權基金**。這幾年來產油國家因爲石油價格飆漲，獲得龐大的財富，這筆財富就是資金來源。根據ＩＭＦ（國際貨幣基金會）統計，光是產油國家就占世界所有主權基金的六成。

近期韓國、中國、俄羅斯紛紛成立主權基金，就連負債累累的日本也有人建議應該成立主權基金，原因是美元貶值。

多數國家的外匯存底幾乎都是以美元資產的形式運用，但這陣子美元持續貶值，各國政府的資產以美元計價大幅縮水，因此，在以增加美元以外的運作爲目的，各國開始積極計畫成立主權基金。

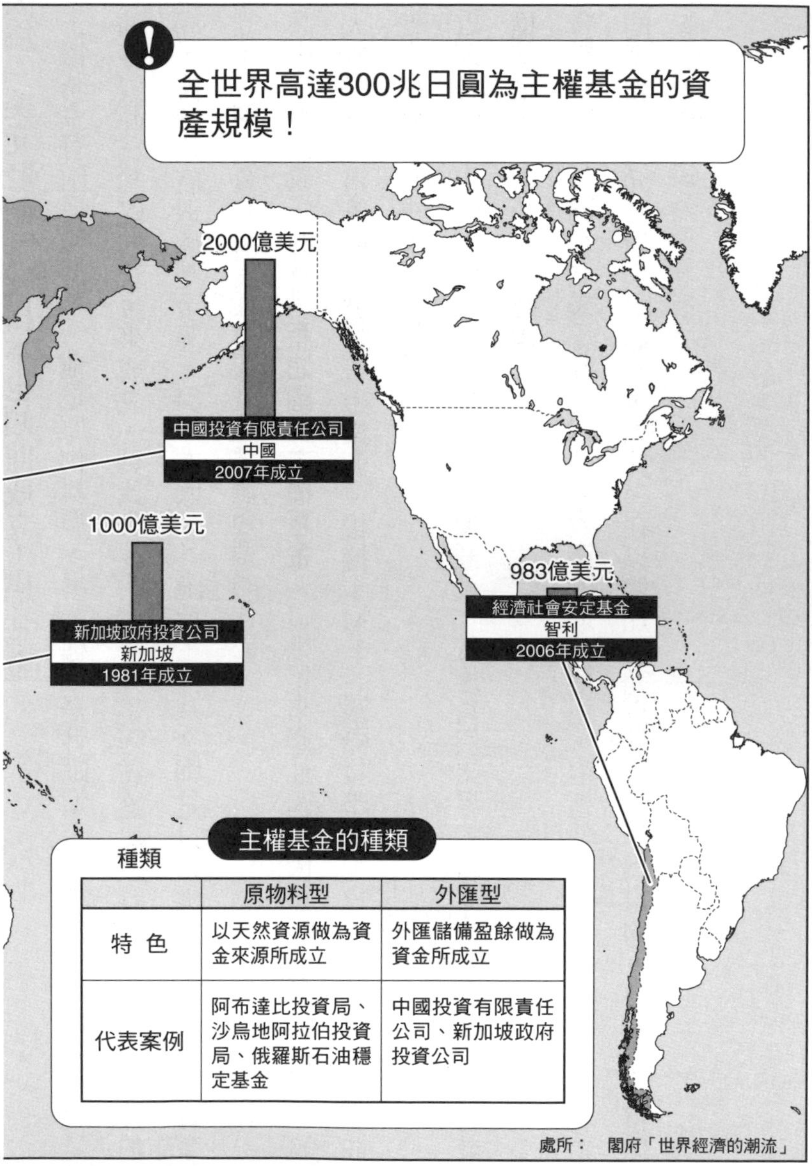
全世界高達300兆日圓為主權基金的資產規模！
2000億美元
中國投資有限責任公司
中國
2007年成立
1000億美元
新加坡政府投資公司
新加坡
1981年成立
983億美元
經濟社會安定基金
智利
2006年成立
主權基金的種類
種類

	原物料型	外匯型
特 色	以天然資源做為資金來源所成立	外匯儲備盈餘做為資金所成立
代表案例	阿布達比投資局、沙烏地阿拉伯投資局、俄羅斯石油穩定基金	中國投資有限責任公司、新加坡政府投資公司

處所： 閣府「世界經濟的潮流」

◆全球主要的主權基金

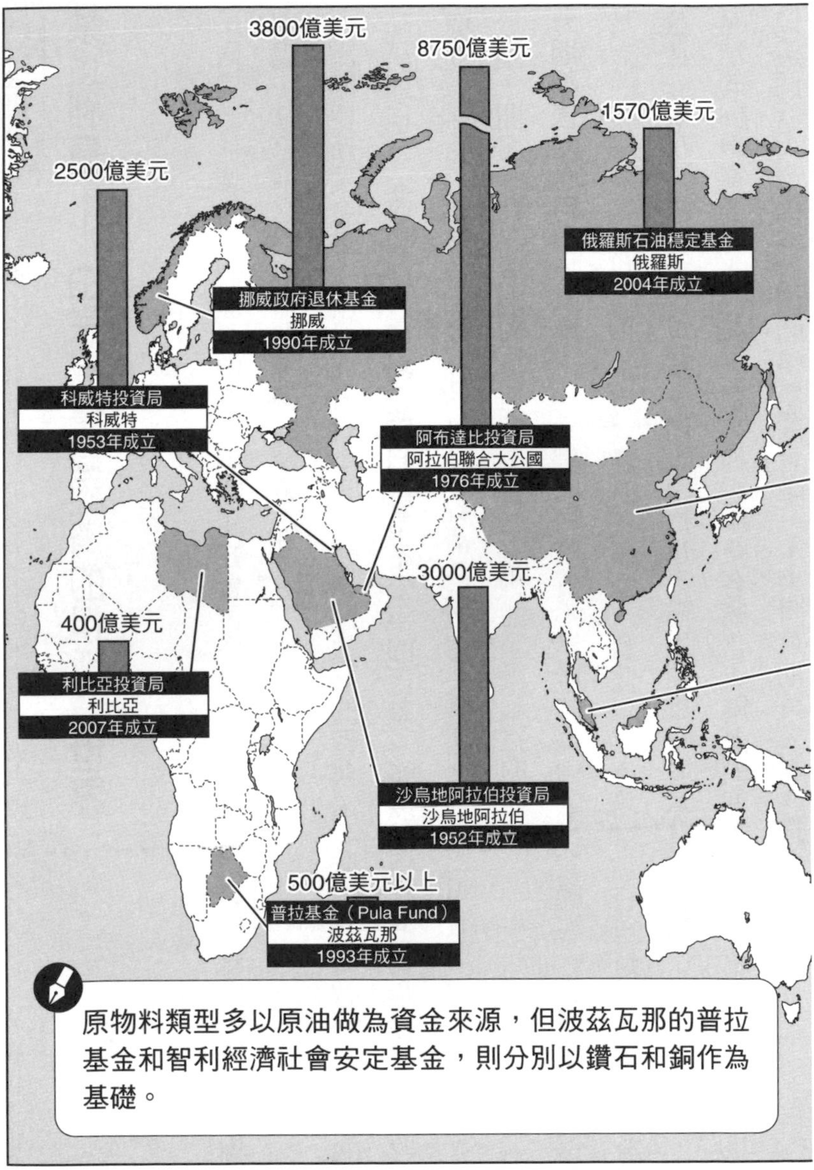
3800億美元
8750億美元
1570億美元
2500億美元
俄羅斯石油穩定基金
俄羅斯
2004年成立
挪威政府退休基金
挪威
1990年成立
科威特投資局
科威特
1953年成立
阿布達比投資局
阿拉伯聯合大公國
1976年成立
3000億美元
400億美元
利比亞投資局
利比亞
2007年成立
沙烏地阿拉伯投資局
沙烏地阿拉伯
1952年成立
500億美元以上
普拉基金（Pula Fund）
波茲瓦那
1993年成立

原物料類型多以原油做為資金來源，但波茲瓦那的普拉基金和智利經濟社會安定基金，則分別以鑽石和銅作為基礎。

伊斯蘭金融

禁止利息——由宗教掌握經濟的伊斯蘭世界

不同宗教信仰的人們理所當然價值觀和社會習俗也不同，但伊斯蘭世界中伊斯蘭教獨特的市場，就是稱之爲伊斯蘭金融的金融交易。

所謂的伊斯蘭金融，就是在考量不違反伊斯蘭教徒的聖典《可蘭經》的教條所規範的金融交易通稱。**《可蘭經》認為收取利息是不公平的行為，予以禁止**。把資金存在銀行收取利息也是不可以的。然而，在現實的經濟活動中無論如何都會出現收取「利息」的交易。於是，開發了在不收取利息而讓融資一方仍能獲得利益的方式。

分期銷售的應用就是其中之一。例如，購買不動產時先由銀行和顧客一起購買，成爲共同持有，接下來顧客以分期的方式繳錢給銀行，藉此舉以逐漸增加自己持有的比例。分期付款比一次付清需要支付更多金額，銀行也不需以利息的形式就能獲利。

全球的回教徒約有十三億人口，據說中東各國富人階層的個人資產都超過一兆美元以上。以這個巨大市場爲目標的伊斯蘭金融，未來將可期待大幅成長。

◆伊斯蘭教徒的分布

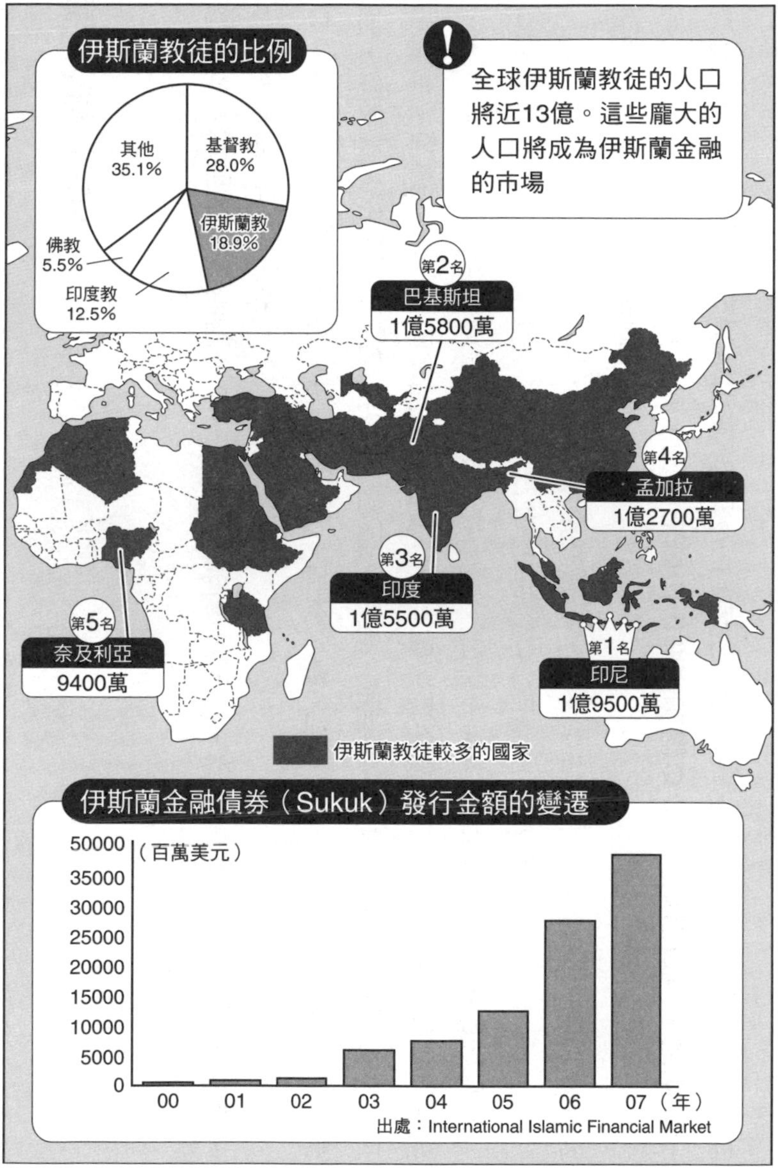
伊斯蘭教徒的比例
其他
35.1%
基督教
28.0%
伊斯蘭教
18.9%
佛教
5.5%
印度教
12.5%
全球伊斯蘭教徒的人口將近13億。這些龐大的人口將成為伊斯蘭金融的市場
第2名
巴基斯坦
1億5800萬
第4名
孟加拉
1億2700萬
第3名
印度
1億5500萬
第5名
奈及利亞
9400萬
第1名
印尼
1億9500萬
伊斯蘭教徒較多的國家
伊斯蘭金融債券（Sukuk）發行金額的變遷
（百萬美元）
50000
35000
30000
25000
20000
15000
10000
5000
0
00
01
02
03
04
05
06
07（年）
出處：International Islamic Financial Market

G20

原先是「G7」

過去常在新聞報導裡聽到「G7」，但最近數量增加，開始提到「G20」。那麼，這二十個國家究竟是哪些呢？

G20指的是美國、英國、法國、德國、日本、義大利、加拿大這主要七個國家和歐盟，加上俄羅斯、中國、巴西、印度、韓國、印尼、澳洲、土耳其、沙烏地阿拉伯、南非、墨西哥、阿根廷這十二個新興國家的「G20國家財政部長與央行總裁會議」。正如其名，由各國財政首長和中央銀行總裁齊聚一堂，討論全球經濟及穩定國際金融等議題。G20是從一九九九年才開始，目標在於針對世界經濟能有更廣泛討論。

二〇〇八年秋天之後，受到金融危機嚴重影響，G20也召開元首會議，稱爲金融高峰會聚集了各國總統和首相參與。

或許有人認爲二十個國家很多，但若從**過去占全世界的GDP七成的G7，現在剩下不到六成，而G20則接近九成的情況**看來，即使利害對立增加，但在這個建構全球性框架時代，終究少不了新興國家的認同和協調。

◆G20會員國及其實力

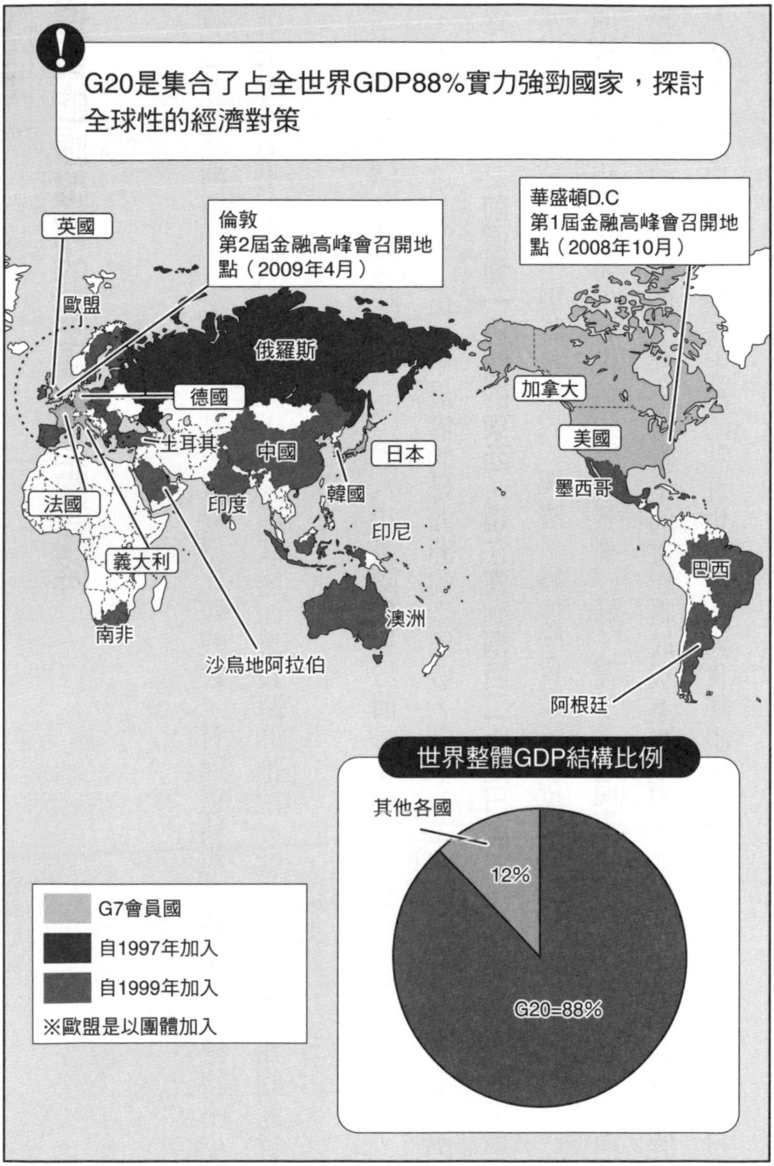
G20是集合了占全世界GDP88%實力強勁國家，探討全球性的經濟對策
英國
歐盟
倫敦
第2屆金融高峰會召開地點（2009年4月）
華盛頓D.C
第1屆金融高峰會召開地點（2008年10月）
俄羅斯
德國
加拿大
美國
土耳其
中國
日本
墨西哥
韓國
法國
印度
印尼
義大利
巴西
澳洲
南非
沙烏地阿拉伯
阿根廷
世界整體GDP結構比例
其他各國
12%
G20=88%
G7會員國
自1997年加入
自1999年加入
※歐盟是以團體加入

通貨膨脹

通貨膨脹讓你的幸福感指數急降

收入明明逐漸增加，生活卻一點也沒變得比較輕鬆。有過這種親身感受的人應該不少吧！這是所得追不上物價上漲的原因，這種狀態如果長時間維持，就成爲大家熟知的通貨膨脹。

近來全世界傾向通貨膨脹，二〇〇八年美國相對於前一年物價上漲五%，歐洲爲三～四%，中國更高達七%。這一年最慘的是非洲的辛巴威，創下二二〇萬%的通貨膨脹比例的紀錄，也就是**之前價値一日圓的東西，現在賣到兩百二十萬日圓**。這個超級通貨膨脹率導致辛巴威經濟破產，出現許多難民。那麼，爲什麼會產生通貨膨脹呢？

通貨膨脹的起因是需求和供給失衡，景氣一好，需求急速擴大之下，供給追趕不上而造成物質不足，價格便因此上漲。這就是通貨膨脹最根本的原因。此外，隨著製造貨品的成本上漲，連銷售價格都跟著上漲的狀況也會引起通貨膨脹。原料、人事費，加上運輸用的石油價格都會影響價格上漲，而成爲通貨膨脹的原因。

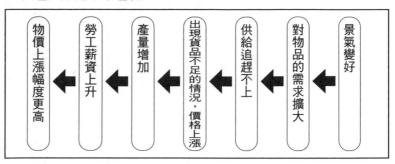

◆通貨膨脹的過程

景氣變好 ← 對物品的需求擴大 ← 供給追趕不上 ← 出現貨品不足的情況，價格上漲 ← 產量增加 ← 勞工薪資上升 ← 物價上漲幅度更高

辛巴威的慘狀
尚比亞
維多利亞瀑布
1
糧食和物資都被收購而囤積
哈拉雷
2
政治上也出現對國民的壓制
驚人的通貨膨脹率
（萬%）
220
200
180
160
140
120
100
80
60
40
20
0
07年3月
07年5月
07年7月
07年9月
07年11月
08年1月
08年3月
08年5月
08年7月
大辛巴威遺址
3
國民成了難民，逃到南非。
莫三比克
南非

股票市場

激烈競爭之下進行重整的「新興市場」勢力圖

全球有東京、紐約、倫敦、德國等多個股票市場（證券交易所）。以往提到股市，最有名的就是紐約、東京、倫敦世界三大市場，但最近情勢出現變化，巴黎、阿姆斯特丹、布魯塞爾的市場合併成泛歐交易所（Euronext），還有上海、香港、德國等的新興市場急起直追。

股市規模大小從市值總額就能清楚了解。市值總額是以「股價×已發行股票數量」計算所得出，二〇〇八年底紐約市場的市值總額約為九兆兩千億美元，位居全球第一。第二名是東京市場，市值總額大約為三兆一千兩百億美元。緊接在後的第三名是兩兆四千億美元左右的那斯達克，第四名則是約兩兆一千億美元的泛歐市場。由此可清楚看出新興市場的崛起。

就像這樣股票市場的國際競爭非常激烈，每個市場都拚命想增加交易量。東京市場採取和紐約市場業務合作的大膽舉動也很受注目，未來各個市場甚至有可能重整。

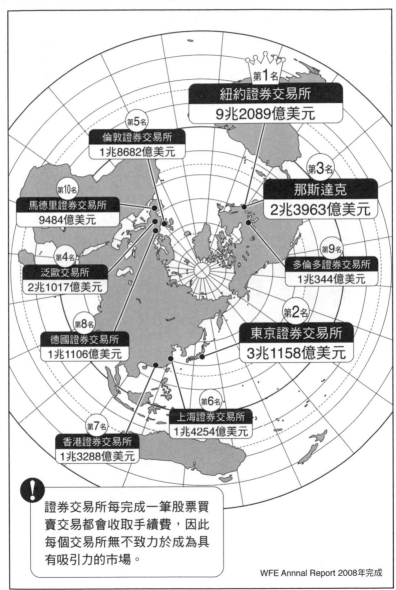

◆全球股票市場的市值總額前十名

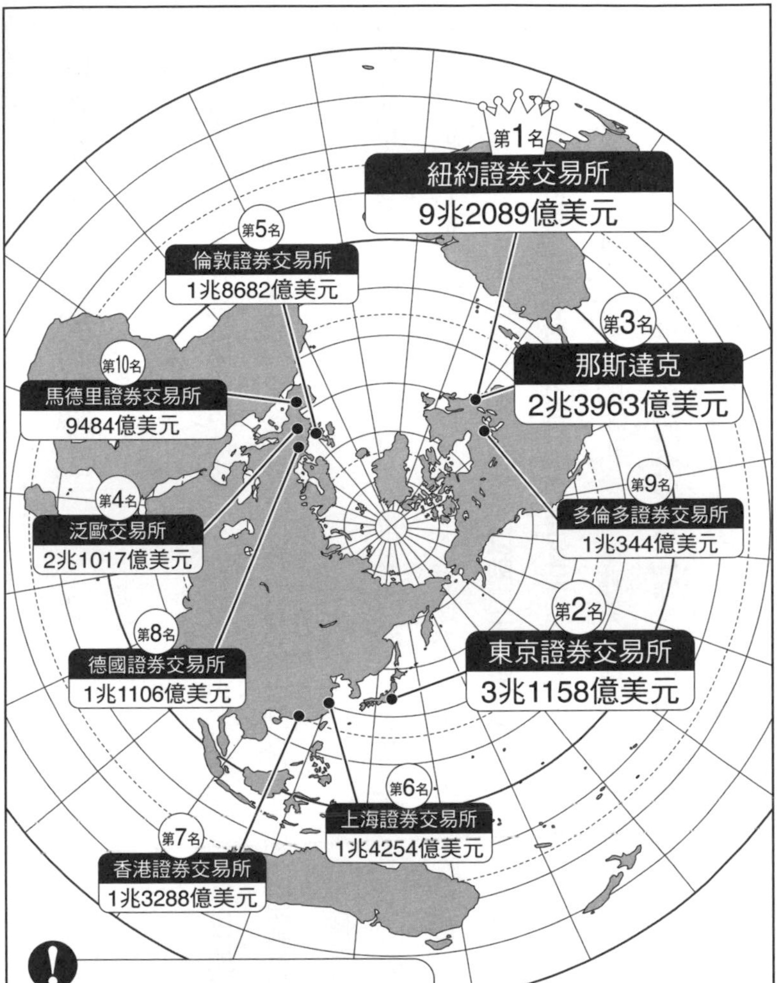
第1名
紐約證券交易所
9兆2089億美元
第5名
倫敦證券交易所
1兆8682億美元
第3名
那斯達克
2兆3963億美元
第10名
馬德里證券交易所
9484億美元
第9名
多倫多證券交易所
1兆344億美元
第4名
泛歐交易所
2兆1017億美元
第2名
東京證券交易所
3兆1158億美元
第8名
德國證券交易所
1兆1106億美元
第6名
上海證券交易所
1兆4254億美元
第7名
香港證券交易所
1兆3288億美元

證券交易所每完成一筆股票買賣交易都會收取手續費，因此每個交易所無不致力於成為具有吸引力的市場。

WFE Annnal Report 2008年完成

M&A

嗜血的企業合併與收購

現在企業經營者都在追求盡可能省時、省力之下提升競爭力。在拓展業務或成立新事業時，從零開始很難保證一定能成功，在考量該怎麼做才理想時，最快的方法就是M&A。

M&A就是企業合併與收購，是目前全世界所使用的經營策略。二〇〇七年光美國一個國家實行的「跨國M&A」就高達四千多件，金額突破七千億美元。歐洲也以英國、德國、法國為中心陸續實行。出人意料之外的是，**以前日本就有實例，正是一九八〇年代日本新力（Sony）集團購併哥倫比亞電影公司（Columbia Pictures），在當時也造成一大話題。**

然而，近來M&A的主要目的不再重視業務拓展或強化體質，反而金錢遊戲的色彩逐漸濃厚。越來越多案例是將併購後的企業以盈餘、虧損的部門分別出售，藉此賺取價差。在二〇〇七年次級房貸問題之後，這樣的例子雖然漸漸減少，但預料景氣回升之後又會再度增加。

◆以M&A轉移龐大資金的案例（2008年8月）

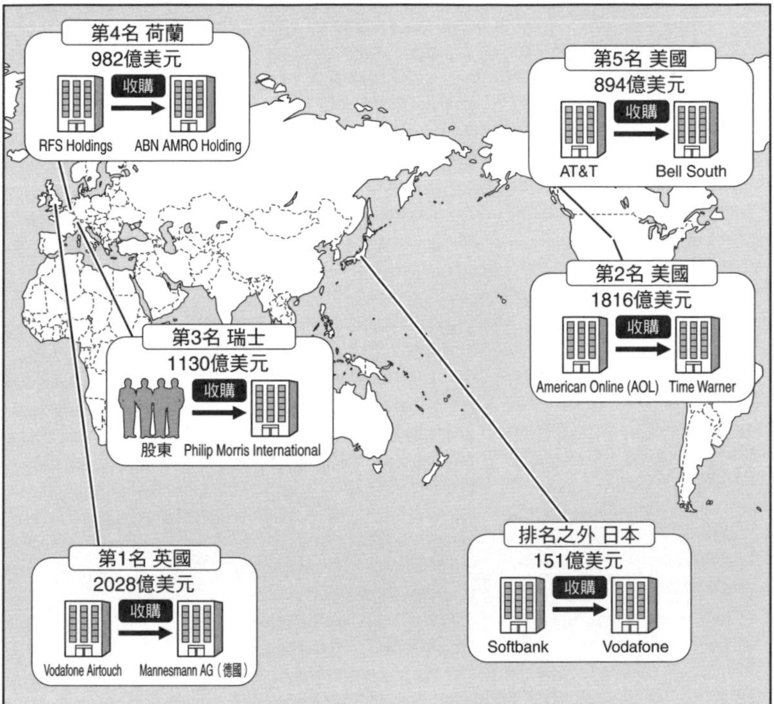

出處：Thomson Reuters資料

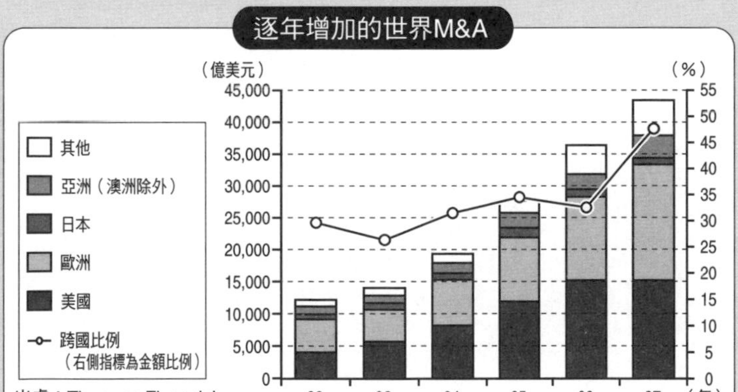

出處：Thomson Financial

國家圖書館出版品預行編目資料

用地圖看懂世界經濟／生命科學編輯團隊　編著. -- 初版. -- 臺北市：商周，城邦文化出版：家庭傳媒成邦分公司發行；
2010.12　　面：　　公分 --

ISBN　978-986-120-457-4（平裝）

1. 國際經濟　2. 主題地圖

552.1　　　　99022668

用地圖看懂世界經濟

作　　者／生命科學編輯團隊（Life Science）
責任編輯／謝函芳

版　　權／翁靜如、葉立芳
行銷業務／甘霖、蘇魯屏
總 經 理／彭之琬
總 編 輯／楊如玉
發 行 人／何飛鵬
法律顧問／台英國際商務法律事務所　羅明通律師
出　　版／商周出版
台北市104民生東路二段141號9樓
電話：(02)2500-7008 傳真：(02)2500-7759
E-mail：bwp.service@cite.com.tw
發　　行／英屬蓋曼群島商家庭傳媒股份有限公司 城邦分公司
台北市中山區民生東路二段141號2樓
書虫客服服務專線：(02)2500-7718 傳真：(02)2500-7719
服務時間：週一至週五上午09:30-12:00；下午13:30-17:00
24 小時傳真專線：(02)2500-1990；(02)2500-1991
劃撥帳號：19863813；戶名：書虫股份有限公司
讀者服務信箱：service@readingclub.com.tw
城邦讀書花園：www.cite.com.tw
香港發行所／城邦（香港）出版集團有限公司
香港灣仔駱克道193號號東超商業中心1樓
E-mail：hkcite@biznetvigator.com
電話：(852) 25086231　傳真：(852) 25789337
馬新發行所／城邦(馬新)出版集團【Cite (M) Sdn. Bhd. (458372U)】
41, Jalan Radin Anum, Bandar Baru Sri Petaling,
57000 Kuala Lumpur, Malaysia.
電話：(603) 90578822　傳真：(603) 90576622

封面設計／黃聖文
排　　版／唯翔工作室
印　　刷／韋懋印刷事業股份有限公司
總 經 銷／高見文化行銷股份有限公司
電話：(02) 26689005　傳真：(02) 26689790　客服專線：0800055365

■2010 年 11 月30日初版一刷
■2020 年 1 月21日初版40.5刷

城邦讀書花園
www.cite.com.tw

定價／240元

　ISBN 978-986-120-457-4

商周出版

廣　告　回　函
北區郵政管理登記證
北臺字第10158號
郵資已付，免貼郵票

104　台北市民生東路二段141號2樓

英屬蓋曼群島商家庭傳媒股份有限公司城邦分公司　收

請沿虛線對摺，謝謝！

商周出版

書號：BK5051　　書名：用地圖看懂世界經濟

請於此處用膠水黏貼

商周出版

讀者回函卡

感謝您購買我們出版的書籍！請費心填寫此回函卡，我們將不定期寄上城邦集團最新的出版訊息。

姓名：＿＿＿＿＿＿＿＿＿＿＿＿＿＿＿＿ 性別：☐男 ☐女

生日：西元＿＿＿＿＿年＿＿＿＿＿月＿＿＿＿＿日

地址：＿＿＿＿＿＿＿＿＿＿＿＿＿＿＿＿＿＿＿＿

聯絡電話：＿＿＿＿＿＿＿＿＿＿ 傳真：＿＿＿＿＿＿＿＿

E-mail ：

學歷：☐ 1. 小學 ☐ 2. 國中 ☐ 3. 高中 ☐ 4. 大學 ☐ 5. 研究所以上

職業：☐ 1. 學生 ☐ 2. 軍公教 ☐ 3. 服務 ☐ 4. 金融 ☐ 5. 製造 ☐ 6. 資訊

☐ 7. 傳播 ☐ 8. 自由業 ☐ 9. 農漁牧 ☐ 10. 家管 ☐ 11. 退休

☐ 12. 其他＿＿＿＿＿＿＿＿＿＿＿＿＿＿＿＿

您從何種方式得知本書消息？

☐ 1. 書店 ☐ 2. 網路 ☐ 3. 報紙 ☐ 4. 雜誌 ☐ 5. 廣播 ☐ 6. 電視

☐ 7. 親友推薦 ☐ 8. 其他＿＿＿＿＿＿＿＿＿＿＿＿＿＿

您通常以何種方式購書？

☐ 1. 書店 ☐ 2. 網路 ☐ 3. 傳真訂購 ☐ 4. 郵局劃撥 ☐ 5. 其他＿＿＿＿

您喜歡閱讀那些類別的書籍？

☐ 1. 財經商業 ☐ 2. 自然科學 ☐ 3. 歷史 ☐ 4. 法律 ☐ 5. 文學

☐ 6. 休閒旅遊 ☐ 7. 小說 ☐ 8. 人物傳記 ☐ 9. 生活、勵志 ☐ 10. 其他

對我們的建議：＿＿＿＿＿＿＿＿＿＿＿＿＿＿＿＿＿＿

＿＿＿＿＿＿＿＿＿＿＿＿＿＿＿＿＿＿＿＿＿＿＿＿

＿＿＿＿＿＿＿＿＿＿＿＿＿＿＿＿＿＿＿＿＿＿＿＿

請於此處用膠水黏貼